La Chine impériale

DENYS LOMBARD

Ancien membre de l'École française d'Extrême-Orient
Directeur d'études à l'École des Hautes Études en Sciences sociales

Septième édition

42e mille

ISBN 2 13 052157 6

Dépôt légal – 1re édition : 1967
Réimpression de la 7e édition : 2004, avril

6, avenue Reille, 75014 Paris

AVERTISSEMENT

Transcription utilisée. – On a adopté ici la transcription dite *pin yin*, qui est officiellement en usage en République populaire de Chine ; mise au point par des linguistes chinois, pour des Chinois (et notamment pour aider les écoliers dans l'étude de la langue et des caractères), elle se fonde surtout sur des critères phonologiques. La plupart des sinologues occidentaux ont actuellement tendance à abandonner les anciennes transcriptions (qui cherchaient, vainement d'ailleurs, à rendre la prononciation, en se fondant sur les conventions orthographiques des diverses langues d'Europe) pour adopter ce système unique. Le lecteur ne doit donc pas se fier à ses habitudes orthographiques, mais essayer de retenir certaines équivalences (comme lorsqu'il commence l'étude de l'allemand ou de l'italien). Nous donnons ci-dessous la valeur des signes, qui, pour un lecteur francophone, sont les plus déroutants :

g est toujours dur (*gei* se rapprocherait de « gueil ») ;
n final n'est jamais le signe de la nasalisation de la voyelle précédente (*kan* se rapprocherait de « cane ») ;
h note, à l'initiale, un son apparenté au « ch » dur de l'allemand (cf. « Bach ») ; *hu* se rapprocherait de « rrou » ;
x note, à l'initiale, un son apparenté au « ch » doux de l'allemand (cf. « Ich ») ; *xi* se rapprocherait de « hsi » ;
r note un son apparenté à notre « j » (*re* se rapprocherait de « jeu ») ;
z note un son apparenté à notre « dz » ;
c note un son apparenté à notre « ts » ;
zh note un son apparenté à notre « dj » ;
ch note un son apparenté à notre « tch » ;
u correspond à « ou » ; *ü* à « u » ; *ai* et *ei* à « ail » et « eil ».

Dans certains cas, nous avons fait suivre le mot en *pin yin* de l'ancienne transcription française, afin de faciliter les rapprochements ; ex. : Ci Xi (Ts'eu Hsi).

Les noms chinois. – Dans la bonne société, tout Chinois avait au moins deux noms : 1° un nom de famille *(xing)*, qui comprend généralement un caractère (Liu, Wang, Li, Zhu), rarement deux (Si ma, Zhu ge) ; 2° un nom personnel *(ming)* qui peut comprendre un ou deux caractères et qui suit toujours le nom de famille. Il est convenu d'employer la majuscule, là où commence le *xing* et là où commence le *ming* ; ex. : Liu Bei, Liu Zong yuan, Si ma Qian, Si ma Xiang ru.

INTRODUCTION

C'est une histoire longue de vingt-deux siècles qui va être retracée ici. Elle commence avec la fondation de l'Empire chinois (en 221 AE) et s'arrête à la veille de sa chute (Révolution de 1911). Avant d'en commencer l'étude, il n'est sans doute pas inutile de dire quelques mots de la façon dont cette histoire a été écrite, et récrite, au cours des temps, tant par les historiens chinois que par les étrangers, et de chercher à préciser à quel moment de la « sinologie » nous sommes parvenus.

I. – La Chine et les historiens

En Chine, on le sait, l'histoire commence tôt ; lorsque l'Empire se forme, au IIIe siècle AE, cette histoire a déjà plus d'un millénaire. Mais jusque-là, elle ne se fonde que sur des chronologies arides, des traditions livresques ou des fouilles. À partir du IIIe siècle AE, les sources changent de nature ; nous avons désormais affaire à des annales rédigées par des historiens, souvent critiques et toujours conscients de leur métier. Les empereurs prennent bientôt un intérêt personnel à la rédaction de cette histoire et ils désignent des commissions de spécialistes, chargées d'élaborer ce que l'on appelle « les annales officielles ». Au cours de chaque règne, on enregistre les faits et gestes du souverain, ainsi que tous les événements ou incidents considérés comme marquants ; ainsi se constituent « les notes véridiques » *(shi lu)* qui serviront à la rédaction de l'histoire officielle, laquelle, en principe, ne sera entreprise que par la dynastie suivante.

Nous possédons ainsi « vingt-quatre histoires » *(er shi si shi)* dont la première est constituée par les *Mémoires historiques* de l'historien Si ma Qian (Sseu-ma Ts'ien) (histoire des origines jusqu'aux Han, IIe siècle AE), et la dernière, par l'*Histoire des Ming*, rédigée sous la dernière dynastie, celle des Qing

(Ts'ing)[1]. Toutes suivent un plan comparable dont il est intéressant de connaître les grandes lignes. On trouve d'abord les annales principales *(ben ji)*, qui sont le récit des règnes successifs de la dynastie, puis les tableaux *(biao)* qui sont les listes des grands dignitaires et grands fonctionnaires, les traités *(zhi)* qui présentent, sous forme de dissertations séparées, les questions d'économie, de rituel, d'organisation militaire, etc., enfin les monographies *(zhuan)*, biographies des personnages célèbres, qui se sont distingués au cours de la dynastie, ou encore notices relatives aux pays étrangers. Ces annales officielles constituent une source extrêmement précieuse, même si elles sont, le plus souvent, très « orientées » (souci de glorifier la dynastie actuelle et d'en justifier l'avènement).

À cette histoire officielle, est venue s'ajouter assez tôt toute une série d'histoires parallèles, rédigées, surtout à partir du XIe siècle, par des particuliers, érudits isolés, mus seulement par l'intérêt du passé, dont les travaux permettent de compléter et de recouper ce que nous apprennent les annales. Pourtant, officielle ou privée, l'histoire reste toujours l'apanage d'un groupe social limité, celui des lettrés fonctionnaires. Qu'ils écrivent à la cour, sur l'ordre de l'empereur, ou pour leur compte, dans la solitude d'une province ou l'amertume d'un exil, tous ne voient qu'un seul aspect des choses et leurs œuvres ne reflètent que les préoccupations de leur milieu. Des pans entiers de la société échappent ainsi à leurs analyses et risquent de nous échapper par là même ; les eunuques, leurs rivaux à la cour, ne sont présentés que comme des factieux ; les marchands des villes sont rarement évoqués ; les paysans des campagnes ne sont mentionnés que lorsque leurs bandes armées mettent en danger l'ordre social.

Autre caractéristique de cette histoire traditionnelle : elle reste essentiellement fondée sur l'écrit. La rareté des restes architecturaux en Chine, due à l'emploi de matériaux périssables,

1. Sous la République, une équipe d'historiens se servit des Notes véridiques des Qing pour rédiger une *Ébauche d'histoire des Qing (Qing shi gao)*, dont la conception reste exactement celle des Annales officielles.

ainsi que le développement précoce d'une écriture originale, puis de l'imprimerie, firent que le document écrit, et surtout le document imprimé, fut longtemps considéré comme le seul document possible[1].

Mais l'histoire de Chine n'est pas l'œuvre des seuls Chinois. Les Japonais se sont très tôt intéressés au passé d'un voisin, auquel ils empruntèrent beaucoup, de même que les Européens, qui se passionnèrent pour l'étude d'un État dont l'organisation et l'immensité les intriguaient. Dès la fin du XVIIe siècle, des ouvrages de « vulgarisation » paraissaient déjà en Occident[2], afin de faire connaître au grand public les renseignements que les premiers missionnaires avaient pu rassembler. Puis ce fut, au XVIIIe siècle, le moment bien connu[3] de l'enthousiasme des philosophes « sinophiles » ; on donne la Chine en exemple, mais lorsqu'on étudie son passé, c'est généralement au travers des historiens chinois. À la fin du siècle, le P. de Mailla préside à la traduction française d'une des histoires parallèles dont nous parlions plus haut[4].

Après les bouleversements de la Révolution et de l'Empire, les Européens se tournent à nouveau vers la Chine, mais c'est avec des préoccupations plus ambitieuses ; la Chine résiste aux menées mercantiles, elle va donc avoir mauvaise presse. La « sinomanie » du siècle précédent cède la place à un exotisme condescendant, nourri des bibelots frelatés que rapportent marchands ou soldats. Pourtant, la science du passé progresse en Occident, et l'on pense à appliquer aux textes chinois les rigoureuses techniques d'analyse philologique qui ont fait leurs preuves dans les études latines ou bibliques. Ainsi naît la sino-

1. D'excellentes analyses de la méthode historique chinoise traditionnelle se trouvent regroupées dans *Historians of China and Japan*, édité par W. G. Beasley et E. G. Pulleyblank, Oxford, 1961.

2. Citons par exemple la *China illustrata* du P. Kircher, parue en 1667, et bientôt traduite en hollandais puis en français ; les *Novissima sinica* de Leibniz, publiés en 1697.

3. Voir notamment Étiemble, *L'Orient philosophique au XVIIIe siècle*, cours de Sorbonne, 1956-1959, CDU (polycopié).

4. R.P. de Mailla, *Histoire générale de la Chine (traduite du Ts'eu-tche t'ong-kien kang-mou)*, Paris, 1777-1785.

logie qui est l'application à l'objet chinois, des méthodes mises au point par les historiens du passé occidental ; ainsi paraissent les études et les traductions de Stanislas Julien et d'Édouard Chavannes[1]. Quelques fouilles permettent déjà de révéler un passé aboli (site néolithique de An yang, au He nan). Il faut remarquer néanmoins qu'une tendance de cette sinologie est de se réfugier dans l'étude du passé ancien, aux dépens des siècles plus récents ; l'Empire des Tang (VIIe-IXe siècles) connaît une vogue certaine, alors que l'époque Ming (XIVe-XVIIe siècles) est à peine effleurée.

Au cours de ces dernières décennies, les conditions ont notablement changé. Au contact de l'Occident, les historiens chinois ont été amenés à réenvisager leur propre histoire et l'adoption d'un éclairage marxiste a amené certains d'entre eux à faire plus de place aux problèmes de la paysannerie et des jacqueries, ainsi qu'au rôle tenu par les « minorités nationales », c'est-à-dire par les populations non chinoises de l'Empire (Mongols, Tibétains, Ouïgours, etc.). D'autre part, le nouvel essor économique de la République populaire a entraîné de nombreux terrassements, qui ont permis de mettre au jour un grand nombre de sites archéologiques anciens ; les fouilles se multiplient à un rythme accéléré, offrant un matériel considérable, dont l'interprétation permet de remettre en question les données de l'histoire traditionnelle.

La conjoncture est également nouvelle en Occident, où les réalisations de la Chine populaire créent un nouvel élan de curiosité et où les fulgurants progrès des sciences de l'homme offrent de nouvelles méthodes d'approche, dont certaines, sociologiques, linguistiques, commencent à être appliquées à la Chine. Elles permettent notamment de dissiper certaines erreurs encore tenaces, et de préciser sous quel angle nouveau il est possible d'envisager l'histoire de Chine.

1. Il faudrait évoquer ici, à la suite de la sinologie française, qui eut un rôle de pionnier, les sinologies allemande, anglaise, russe et américaine. Une histoire de ces diverses sinologies permettrait de mieux comprendre l'idée que l'Occident a eue et a encore de la Chine.

II. – L'espace chinois

Nul ne songerait en Occident à entreprendre pour une époque donnée une histoire générale de l'Europe, qui ne reposât point sur un grand nombre d'études partielles, concernant l'histoire particulière de tel pays, de telle région ou de telle ville. C'est pourtant une démarche de cet ordre que l'on est contraint d'adopter, lorsque l'on veut risquer une synthèse sur l'histoire de Chine. Nous manquons, en effet, des études régionales les plus élémentaires. Non certes que les sources fassent défaut, car les Chinois ont été parfaitement conscients de la diversité géographique et nous ont laissé plus de 4 000 monographies locales (ou *fang zhi*)[1] ; mais parce que, obnubilés par l'unité politique de l'Empire et l'homogénéité apparente de sa culture, la plupart des Européens ont voulu considérer la Chine comme un tout, sans s'attacher à l'histoire individuelle des régions qui la composent. S'ils distinguaient bien plusieurs Indes, ils ne voulaient voir qu'une seule Chine.

Il ne faudrait pourtant jamais perdre de vue l'extrême diversité de l'espace chinois, ni les différences parfois considérables qui opposent entre elles des provinces aussi vastes et aussi peuplées que des États européens[2]. Même si les Chinois sont parvenus à établir plus tôt et mieux qu'ailleurs un réseau de communications suffisamment dense pour permettre l'élaboration d'une culture commune, il faut garder conscience de l'importance du facteur distance et du rôle tenu par les régionalismes. Toute histoire commence ici par une géographie[3]. Il faut d'abord rappeler l'opposition classique entre la Chine du

1. Voir, à ce propos, Y. Hervouet, *Catalogue des monographies locales chinoises dans les bibliothèques d'Europe*, Mouton, 1957.

2. En 1957, la province du Si chuan (« le bassin rouge », sur le cours supérieur du Yang zi) comptait 72 160 000 habitants pour 569 000 km^2 ; le Xin jiang (ancien Turkestan chinois) 5 640 000 habitants pour 1 646 800 km^2 ; le Shan dong (la péninsule orientale) 54 030 000 habitants pour 153 300 km^2. On se rappellera que la France a 551 000 km^2 et 55 millions d'habitants.

3. Pour une ébauche de géographie historique, voir J. Grousset, J. Auboyer et J. Buhot, *L'Asie orientale des origines au XVe siècle*, Paris, PUF, 1941, p. 139 à 154, le chapitre intitulé : « La géographie de la Chine

Fleuve jaune (ou Huang he / Houang-ho) et celle du Yang zi / Yang-tseu (baptisé « Fleuve bleu » par les Européens), entre la Chine sèche du Nord, où le blé constitue la céréale essentielle, le pain et les pâtes la base de la nourriture, et la Chine plus humide du Sud, où la rizière inondée se retrouve dans tous les paysages. Mais il faut aller plus loin que cette première dichotomie trop schématique et descendre dans plus de détail (voir carte p. 11).

Au nord, cinq régions majeures, articulées autour du Huang he : à l'ouest, les plateaux lœssiques du Shân xi (Chen-si) et le massif du Shan xi (Chan-si) (« Ouest montagneux »), avec, au sud, un axe est-ouest, formé par la vallée de la Wei et le cours moyen du Huang he ; à l'est, la grande plaine de Chine du Nord, le He bei (« Nord du Fleuve »), où se trouve Pékin, et le massif montagneux du Shan dong (« Est montagneux ») qui avance dans la mer comme une péninsule. Au sud, trois régions articulées autour du Yang zi : à l'ouest, le « bassin rouge » du Si chuan ; au centre, la région des collines (provinces du Jiang xi et du Hu nan) ; à l'est, la plaine du bas Yang zi, de faible altitude et sillonnée de nombreux canaux (provinces du An hui, Jiang su et Zhe jiang / Tchö-kiang) ; avec en plus, deux régions plus marginales : le bassin du Xi jiang (province du Guang dong, arrière-pays de Canton) et le massif côtier du Fu jian. Partout, la diversité humaine est presque aussi marquée que la diversité physique ; à n'envisager que l'actuelle carte linguistique, qui n'est sans doute plus qu'un reflet de la complexité d'autrefois, il faut distinguer entre les régions septentrionales et centrales (y compris le Si chuan), où le parler mandarin est compris à peu près partout, et les régions méridionales (Guang dong, Fu jian) où les dialectes locaux conservent toujours leur vitalité.

L'espace chinois n'est pas homogène ; il n'est pas isolé non plus. Il faut écarter l'idée d'une Chine coupée du reste du

et l'histoire » ; voir aussi l'ouvrage suggestif de Chi Ch'ao-ting, *Key economic areas in Chinese history, as revealed in the development of public works for water control*, Londres, 1936.

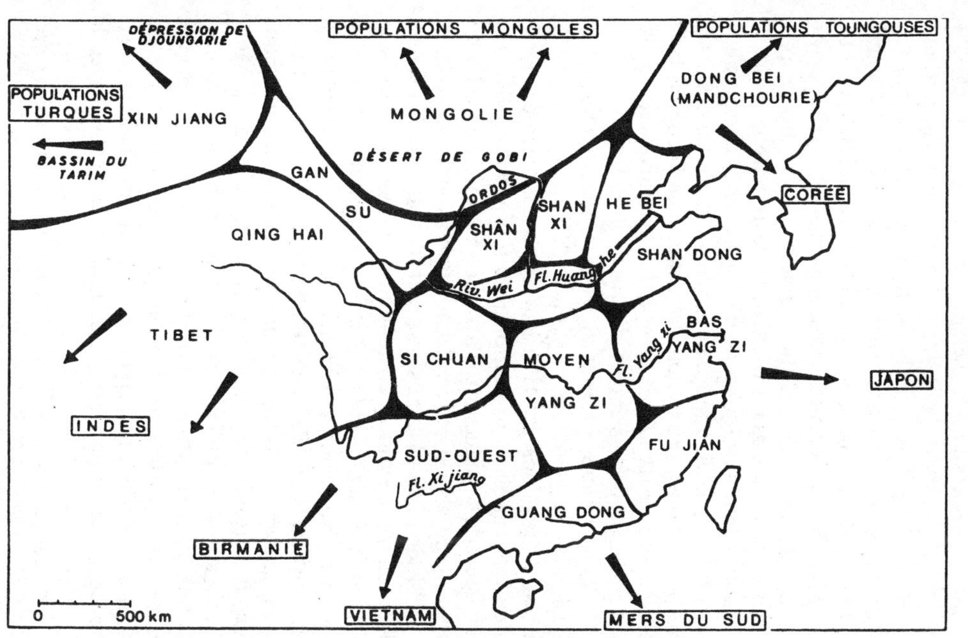

Fig. 1. — L'espace chinois

monde, qui, jusqu'à l'« ouverture » (guerre de l'opium en 1840), aurait vécu sur elle-même, comme en vase clos. Il convient d'insister ici sur la notion de confins, régions marginales, régions de frontières, mais aussi de passage et de contact.

Sur ces confins, la civilisation chinoise a, depuis un temps plus ou moins long, fait sentir son influence, mais, bien que, pour la plupart, ils fassent à présent partie du territoire chinois, l'assimilation n'est pas allée aussi loin que dans les provinces du Centre. Soulignons le caractère amphibologique de notre terme « chinois », qui nous sert à désigner deux réalités bien distinctes, l'individu résidant en Chine, d'une part *(Zhong guo ren)*, l'individu appartenant à l'ethnie majoritaire, celle des Han, d'autre part *(Han zu ren)*. Les confins sont encore, pour une bonne part, peuplés de ces « non-Han », qui ont conservé leurs cultures propres et leurs langues, parfois leurs écritures[1].

Au cours des temps, les Han leur ont souvent emprunté et la civilisation chinoise, qui s'est presque toujours formée à leur contact, leur doit beaucoup. Par leur intermédiaire, elle est entrée en rapport avec des civilisations plus lointaines, comme celles de l'Inde et de l'Islam. Il est bon d'avoir en mémoire les principaux horizons où ces échanges ont eu lieu. Au nord-est, la plaine de Mandchourie (actuellement désignée en Chine du nom de Dong bei), zone de contact avec les populations toungouses (dont les Mandchous constituaient un rameau), et par-delà, avec la Corée et le Japon ; au nord, un horizon steppique ou désertique (Gobi, Ordos), zone de contact avec les Mongols ; à l'ouest, la dépression de Djoungarie, point de contact avec la Sibérie et les Russes ; la dépression du Tarim (désignée également sur les cartes sous les noms de Turkestan chinois ou de Xin jiang), bordée au nord et au sud, par une chaîne d'oasis qu'empruntait la route de la soie, points de contact avec le

1. La République populaire compte à présent une cinquantaine de ces minorités dont les plus importantes sont les Zhuang (près de 8 millions), les Hui (près de 4 millions), les Ouïgours (près de 4 millions), les Yi (plus de 3 millions), les Tibétains (2 770 000 hab.), les Miao (2 680 000 hab.), les Mongols (1 640 000 hab.).

bouddhisme et avec l'islam, avec l'Inde et l'Iran[1] ; et enfin le haut plateau du Tibet, zone de contact avec l'Inde[2] ; au sud-ouest, la région karstique du Yun nan, du Gui zhou et du Guang xi, riches en minorités ethniques, zone de contact avec la Birmanie et l'Indochine[3]. À ces diverses routes d'accès et d'influences possibles, il faut ajouter, bien sûr, les routes maritimes, voies d'échanges avec le Japon, l'Asie du Sud-Est, l'océan Indien, l'Afrique et pour finir, l'Europe.

III. – Le rythme chinois

Les vingt-deux siècles d'histoire qui vont être envisagés ici forment, en un sens, une certaine unité ; du point de vue institutionnel en tout cas, puisque l'Empire, apparu, nous l'avons vu, pour la première fois en 221 AE, disparaît définitivement en 1911. Il ne faudrait pas croire cependant, qu'entre ces deux limites, dont la signification reste d'ailleurs toute relative, la Chine soit demeurée statique.

Il faut décidément abandonner l'idée d'une Chine éternelle, dont l'immobilité n'aurait été ponctuée que par une succession régulière de dynasties de même type. Que cette expression de « Chine impériale » ne nous fasse point oublier que, durant des siècles, il n'y eut pas d'Empire unique, mais une juxtaposition de principautés rivales, et que d'un siècle d'unification à l'autre, le centre de gravité et les limites géographiques de l'Empire ont pu considérablement changer.

Du Ier siècle AE au début du XXe siècle, l'Europe a connu, elle aussi, les transformations d'un Empire, né à Rome, transféré à Byzance, recréé en Occident par Charlemagne puis par Othon, et en Russie par les Tsars. Si nous nous arrêtons rarement à l'idée d'une « Europe impériale », c'est que l'Empire

1. Pour une étude de ces marches septentrionales, voir O. Lattimore, *Studies in frontier history, collected papers, 1928-1958*, Mouton, 1962.

2. Cf. R. A. Stein, *La civilisation tibétaine*, Paris, Dunod, 1962.

3. Pour une première approche de ces cultures du Sud-Ouest, voir W. Eberhard, *Lokalkulturen im alten China*, Teil 2 : *Die Lokalkulturen des Südens und Ostens*, Pékin, 1942.

des Kaiser nous paraît trop différent de celui des Césars et que pareils rapprochements nous semblent trop schématiques et superficiels. Or ce sont, à le bien prendre, des différences d'une ampleur comparable qui séparent l'Empire des Han de celui des Qing. Il convient donc de ne point se laisser aller au rythme trompeur des dynasties, qui, en dernière analyse, nous renseigne surtout sur les cadres mentaux des historiens officiels et le milieu auquel ils appartenaient. Si l'on cherche à articuler l'histoire de Chine, mieux vaut sans doute se fonder sur des phénomènes plus significatifs, comme, par exemple, les fluctuations de l'espace chinois ou les divers moments de la croissance démographique.

Pas de Chine éternelle, pas de Chine autonome non plus. Nous avons vu que, par l'intermédiaire des confins, les contacts ont presque toujours été possibles avec le reste de l'Eurasie ; par les routes terrestres et maritimes, la Chine pouvait subir les contrecoups de la conjoncture mondiale. Il est probable que des études synchroniques des diverses régions d'Asie permettraient de mettre mieux en relief les liens étroits qui ont uni leurs histoires. On signalera dès maintenant quatre phénomènes d'une ampleur générale qui ont marqué l'évolution de la Chine en même temps que celle de tout l'Ancien Monde : les grandes invasions (IIIe-VIe siècles), l'expansion de l'islam (VIIe-Xe siècles)[1], la formation de l'Empire mongol (XIIIe-XIVe siècles), l'expansion européenne (XVIe-XIXe siècles). Il est à penser que, loin d'être « un cas aberrant de l'histoire mondiale », la Chine a toujours évolué selon un rythme, qui, bien qu'original, n'a jamais cessé d'être lié aux autres.

Dans cette étude, nous avons essayé d'insister sur les facteurs géographiques (rapports de force entre les diverses régions, transferts des centres de gravité économiques et culturels) et, sans plus tenir compte de la succession dynastique, de

1. Il faudrait souligner aussi l'importance de la lente « indianisation » de l'Asie du Sud-Est (IIIe-XIIIe siècles) qui, par la diffusion du bouddhisme, a également marqué la Chine.

TABLEAU CHRONOLOGIQUE

Dynasties	Années	Périodes
453-221. Royaumes combattants		
	300	
221-206. Dynastie Qin/Ts'in		
206 AE-8 EC. Han antérieurs (ou occidentaux)	200	
	100	L'ÉLABORATION D'UN NOYAU
9- 23. Usurpation de Wang Mang	1	
23-220. Han postérieurs (ou orientaux)	100	
220-280. Trois royaumes (Wei, Wu et Shu)	200	
280-316. Jin/Tsin de l'Ouest		
316-580. Dynasties du Sud et du Nord (ou Six dynasties)	300	
	400	L'APPEL DES CONFINS
	500	
581-618. Sui/Souei		
618-907. Tang/T'ang	600	
	700	UN TEMPS D'UNIFICATION
	800	
907- 960. Cinq dynasties	900	
960-1278. Song	1000	
	1100	NORD CONTRE SUD
	1200	
1279-1368. Yuan (Mongols)		
	1300	
1368-1644. Ming		
	1400	
	1500	STABILISATION ET HOMOGÉNÉISATION DE L'ESPACE CHINOIS
	1600	
1644-1911. Qing/Ts'ing (Mandchous)		
	1700	
	1800	
	1900	
1911. République		

mettre en relief certains phénomènes « de temps long », qui pussent justifier une nouvelle « périodisation ». Mais comme on ne peut faire abstraction de l'événementiel que lorsqu'il est connu, au moins dans ses grandes lignes, nous donnons ci-contre un tableau de la chronologie classique.

Chapitre I

L'ÉLABORATION D'UN NOYAU
(IIe siècle AE - IIe siècle EC)

Depuis le Ve siècle AE, les pays chinois, correspondant alors en gros aux provinces riveraines du Fleuve jaune, connaissaient de très profondes transformations économiques et sociales[1]. La forêt reculait devant les défricheurs, la technique de la fonte du fer permettait d'employer désormais un outillage solide, les grands travaux collectifs d'irrigation se multipliaient, bouleversant les anciennes traditions agricoles ; la population augmentait, les terres mises en culture en venaient à se toucher à la limite des principautés, les échanges s'intensifiaient et diverses monnaies métalliques faisaient leur apparition ; des États d'un type nouveau se formaient et luttaient entre eux pour l'hégémonie ; conscients de ces transformations, plusieurs groupes de philosophes et de politiciens (Confucianistes, Taoïstes, Légistes) remettaient en question les rapports de l'individu, de la société et de l'État.

Cette évolution devait aboutir à un ordre nouveau ; en 221 AE, le prince de l'État occidental de Qin (actuelle province du Shân xi) parvint à rassembler sous son autorité la quasi-totalité des terres chinoises et prit pour la première fois le titre de « Huang di », que nous traduisons par empereur. Par la suite on l'appela Qin shi Huang di (Ts'in-che Houang-ti), « Qin, le premier empereur ». La dynastie qu'il inaugura fut brève, mais l'ordre qu'il institua servit d'exemple à ses successeurs.

1. Pour l'étude de ces transformations et du mouvement des idées qui les a accompagnées, voir J. Gernet, *La Chine ancienne*, coll. « Que sais-je ? », n° 1113, PUF, 9e éd., 2001, et surtout le chapitre V, « La formation des États militaires ». La période qui va du milieu du Ve siècle au début de l'Empire est traditionnellement désignée du nom de « période des Royaumes combattants ».

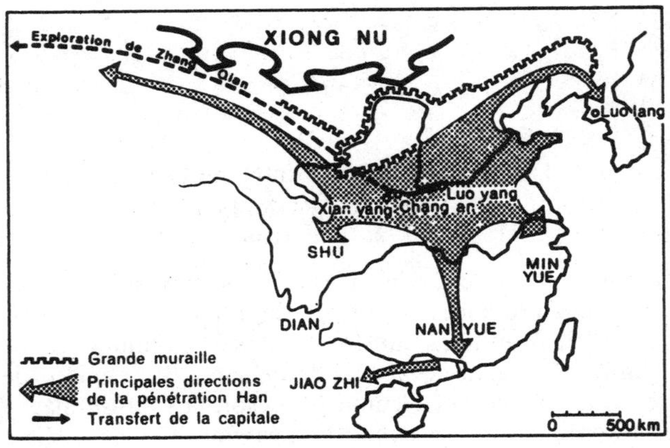

Fig. 2. — L'élaboration d'un noyau

I. – Le legs de Qin shi Huang di

1. **Un projet d'espace unifié.** – Le prince de Qin commença par annexer les terres voisines du moyen et du bas Fleuve jaune, les États de Zhao, Wei et Han (actuelles provinces de Shan xi et de He nan), l'État méridional de Chu (entre le Huang he et la rivière Huai), puis celui de Qi (au Shan dong). Quand ce premier rassemblement fut achevé, il entreprit des campagnes plus lointaines, en des régions encore considérées comme barbares. Au nord-est, il poussa jusqu'en Corée ; au nord, il se heurta aux Xiong nu, populations nomades qui étaient en train de s'organiser en une puissante confédération ; il les arrêta sur la boucle du Fleuve jaune et, afin de prévenir une invasion, fit construire, à partir de fragments de remparts antérieurs, la fameuse Grande Muraille qui, pendant plusieurs siècles, devait rester la limite septentrionale de l'Empire ; vers le sud, il envoya quatre armées qui se rejoignirent à la mer, près de l'actuelle ville de Canton et poussèrent jusqu'au nord de l'actuel Viêt-nam. Ainsi se trouvait indiqué, dès l'origine, le cadre dans lequel la Chine historique allait peu à peu s'élaborer.

L'espace ainsi délimité était extrêmement divers. Afin d'en amorcer l'homogénéisation, Qin shi Huang di supprima tous les fiefs, toutes les principautés locales et créa, pour les remplacer, trente-six *jun* ou commanderies, de structure identique. Il fit aménager un réseau routier en étoile, qui rayonnait à partir de la nouvelle capitale, Xian yang (près de l'actuelle ville de Xi an). Il uniformisa les poids et mesures, la monnaie, les caractères d'écriture. Haine des particularismes et souci d'unité, que l'on retrouvera chez plus d'un empereur après lui[1].

2. **Un nouvel ordre social.** – Qin shi Huang di devait une bonne part de son succès aux réformes radicales adoptées par ses prédécesseurs, et leurs conseillers légistes, dans l'État de Qin. Une fois maître de l'Empire, il continua de faire confiance à la même école, qui souhaitait l'instauration d'un pouvoir central absolu, ainsi que la promulgation d'un code pénal sévère et d'un système de lois applicable à tous (d'où son nom d'école « légiste »). L'empereur chercha d'abord à démanteler l'ancienne noblesse ; il confisqua ses armes, détruisit ses fortifications et n'hésita pas à déporter certains de ses membres (120 000 familles transférées au Shân xi). Il voulut également mettre au pas les « intellectuels » qui, jusque-là, formaient une bonne partie des clientèles seigneuriales, toujours prêts à la critique ou à la contradiction. Les livres classiques qui, pour beaucoup, exprimaient la pensée de l'ancienne aristocratie, furent condamnés au bûcher (213 AE) et l'on ne conserva que les livres « utiles » (médecine, agriculture, divination) ; les lettrés confucéens furent inquiétés et pourchassés ; quelques centaines d'entre eux furent mis à mort.

La priorité est donnée à la production agricoles et le paysan-fantassin, soumis à la corvée et à la conscription, ce personnage qui était peu à peu apparu dans les États de la période

1. Cette première unification des pays chinois est, à coup sûr, un moment essentiel de l'histoire de l'Ancien Monde ; on la rapprochera d'autres rassemblements, sensiblement plus anciens : Empire d'Alexandre, vainqueur de Darius en 333, unification de l'Inde du Nord par Candragupta, vers 320.

précédente, devient l'élément fondamental. Les familles paysannes sont réparties en groupes, collectivement responsables ; un code sévère, assorti de punitions cruelles, maintient les récalcitrants dans la crainte du châtiment. Les marchands, les artisans, profitent en un sens de la centralisation et de l'unification, mais l'État se méfie des entrepreneurs privés et cherche à conserver pour lui le plus gros des bénéfices ; 200 000 familles de commerçants auraient été déportées dans les actuelles provinces de Si chuan et de He nan. L'usage du passeport devint obligatoire et l'on contrôlait, le soir, dans les auberges, l'identité des voyageurs.

Un tel ordre était trop nouveau pour ne pas susciter de vives oppositions et dès que Qin shi Huang di eut disparu, il fut violemment battu en brèche (troubles sous le règne de son fils et successeur Er Huang di, « le deuxième empereur »). Pourtant certains de ses principes lui survécurent très longtemps (hostilité à l'égard des nobles, méfiance à l'égard des marchands, etc.) et son idéal autocratique restera présent à l'esprit de ses successeurs, lors même que ceux-ci seront obligés d'en tempérer les rigueurs.

3. **L'idée d'Empire.** – Le titre de Huang di (mot à mot « Auguste souverain ») que le prince de Qin s'était attribué en 221, et dont, après lui, on désigna les empereurs jusqu'en 1911, devait son origine à une antique tradition, selon laquelle la Chine aurait, à l'aube de son histoire, connu l'autorité de trois *Huang* (« Augustes ») puis de cinq *Di* (« Souverains »). Par plus d'un autre trait, la nouvelle conception de l'Empire se rattachait au passé et empruntait notamment à l'ancienne royauté des Zhou (Tcheou)[1] : choix d'une couleur, d'un chiffre et d'un élément réputés favorables à la dynastie (pour les Qin, ce fut le noir, le six et l'eau) ; vie secrète au fond d'un palais ; voyages

1. Dès le deuxième millénaire AE, les divers pays chinois avaient reconnu la primauté essentiellement religieuse d'un clan particulier, celui des Shang, puis celui des Zhou (Tcheou) ; cf. J. Gernet, *La Chine ancienne*, p. 33 sq. Les Zhou, comme plus tard les Han, avaient eu leur capitale près de Xi an, puis près de Luo yang.

aux quatre orients ; construction d'un vaste tombeau souterrain destiné à recevoir le corps du souverain après sa mort[1] ; enfin et surtout, principe d'hérédité.

Mais en même temps, des éléments nouveaux, inspirés des conceptions légistes, se font jour. La fonction royale n'est plus seulement religieuse ; le souverain jouit d'une autorité effective et veut faire étalage de son pouvoir. Il fait construire à Xian yang un palais grandiose (le palais « A fang gong »), où peuvent loger plus de 10 000 personnes et où l'on rebâtit les palais princiers des royaumes conquis ; lorsqu'il s'exprime, il emploie pour se désigner un pronom spécial : *zhen*, « Nous » ; lorsqu'il délègue son autorité à un de ses fonctionnaires, c'est par l'intermédiaire des *fu*, ou insignes formés de deux moitiés exactement emboîtées ; l'une d'elles était remise à celui que l'on chargeait de la mission, l'autre était conservée dans la chancellerie, pour contrôle.

L'œuvre de Qin shi Huang di fut telle que dans beaucoup de contrées étrangères le pays qu'il avait unifié resta inséparable de sa personne. Il y a en effet de bonnes raisons de croire que le nom de Chine n'est qu'une altération du sien : Qin (Ts'in).

II. – Consolidation autour de la vallée du Fleuve jaune

La mort de Qin shi Huang di (210 AE) fut suivie de quelques années de guerres intestines, durant lesquelles on put croire que l'ancienne fragmentation politique allait reparaître. Pourtant, dès l'année 202, un homme nouveau, originaire de l'actuel Jiang su, Liu Bang, propriétaire d'importants domai-

1. On voit encore, au nord de Xi an, plusieurs tumulus qui sont attribués aux Zhou, et, à l'ouest, à proximité de Xian yang, le grand tombeau de Qin shi Huang di ; selon l'historien Si ma Qian, on y aurait aménagé un palais souterrain, avec la représentation d'un microcosme (ruisseaux de mercure figurant les fleuves et la mer) et des machines destinées à frapper les sacrilèges éventuels. On y a récemment retrouvé toute une armée de figurines en terre cuite.

nes agricoles, mais sans passé, parvenait à imposer son autorité à ses rivaux et fondait la dynastie nouvelle des Han[1].

Essor de l'agriculture. – Au point de vue agricole, l'époque Han peut être considérée comme le prolongement de la période précédente. Les profondes transformations qui, du Ve au IIIe AE, avaient affecté la société chinoise, au point de la bouleverser complètement, continuent de s'effectuer. La technique de la fonte du fer, qui, attestée aux alentours de l'an 500, s'était peu à peu répandue au cours du IVe et du IIIe siècle, ne devient commune qu'avec les Han. Nous citerons ici l'exemple du site de Tie sheng gou (près de Gong xian, dans l'actuel He nan) où des fouilles ont permis de dégager, en 1958, les emplacements de dix-sept fours, des saumons de fonte à 33 % de carbone et des scories, attestant sans erreur possible que le charbon était déjà utilisé comme combustible. Ce site a pu être daté du IIe siècle AE. On a retrouvé une soixantaine d'ateliers analogues, au He nan, au Shan dong, au Jiang su. La hache et le soc de fer permettaient d'attaquer efficacement la forêt et de semer profondément ; on conçoit aisément quelle révolution ils pouvaient entraîner dans des régions où la culture sur brûlis (encore pratiquée de nos jours par certaines ethnies « montagnardes » d'Asie du Sud-Est) restait encore la seule employée. On pense qu'ils ont notamment entraîné le développement de la propriété privée ; muni d'un outillage solide, le paysan pouvait mettre en valeur la terre pour son propre compte, sans plus se soucier des contraintes collectives que le brûlis rendait jadis nécessaires.

Autre transformation importante : la multiplication des travaux d'endiguement, d'irrigation, de canalisation. Le cours du Fleuve jaune fut l'objet de l'attention toute spéciale des empereurs qui veillèrent à faire colmater les brèches que causaient de funestes inondations[2]. Citons encore quelques autres amé-

1. Prononcer « Rrane ». Les histoires officielles distinguent la dynastie des Han antérieurs, qui régna de 206 AE à 8 EC, et celle des Han postérieurs, qui régna de 25 à 220 (nominalement à partir de 180).

2. Le chapitre 29 des *Mémoires historiques* de Si ma Qian, entièrement consacré au Fleuve jaune et aux canaux, mentionne la mise en œuvre de

liorations techniques : l'assolement sillon par sillon *(dai tian)*, l'emploi d'une machine à semer, l'adoption progressive du moulin à eau[1].

Tout ceci rendait possibles l'amélioration des rendements et l'augmentation des récoltes et permettait un notable progrès de la démographie. Selon un recensement de l'an 2 EC[2], la population de l'Empire atteignait plus de 57 millions d'individus. Précisons bien que ce chiffre ne tient pas compte de nombreuses régions, montagneuses ou marginales, qui échappaient encore au contrôle central. Le bassin du Si chuan et la plaine du bas Yang zi comptaient au nombre des régions dont la population avait tout spécialement augmenté.

Essor de l'artisanat et du commerce. – Stimulée par les besoins de la cour et ceux d'une population accrue, la production artisanale augmenta dans de fortes proportions. Beaucoup d'ateliers dépendaient directement du palais impérial, mais il y en avait aussi dans la demeure des grands, et plusieurs étaient gérés par des marchands-entrepreneurs. On travaillait la soie à Lin zi (au Shan dong), à Xiang yi (act. Sui yang, au He nan) et dans la capitale, Chang an (au Shân xi). Dans tel atelier de Lin zi, on comptait plusieurs milliers d'ouvriers. Des échantillons de soieries Han ont été retrouvés dans des tombes Xiong nu, où la sécheresse du climat leur a conservé leurs couleurs d'origine. L'artisanat de la laque était tout spécialement développé : « Pour faire une coupe, dit un texte, il faut une centaine d'ouvriers, pour faire un paravent, il en faut plusieurs milliers. » À côté de ces produits de luxe, il faut mentionner le

quatre grands projets destinés à permettre l'irrigation de plus grandes superficies ainsi que l'acheminement des céréales par canaux en direction de la capitale, Chang an/Tch'ang-ngan (IIe siècle AE).

1. Il nous reste quelques fragments d'un ouvrage d'agriculture, rédigé par Fan Sheng zhi, au Ier siècle AE. On y trouve mention de techniques savantes, notamment du traitement des graines aux excréments de vers à soie, riches en carbonate de calcium ; cf. Shih Sheng han, *On « Fan Shengchih shu »*, Pékin, Science press, 1959.

2. Cf. H. Bielenstein, « The Census of China », in *Bulletin of the Museum of Far Eastern Antiquities*, n° 19, Stockholm, 1947, p. 135.

travail du fer et l'exploitation des salines, qui pouvaient prendre des allures presque industrielles.

De leur côté, les marchands savaient profiter de la disparition des frontières intérieures et de l'unification de la monnaie. « Le pays à l'intérieur des mers fut unifié, écrit l'historien Si ma Qian, vers le début du Ier siècle AE ; on ouvrit les passes et les ponts ; on enleva les interdictions qui fermaient les montagnes et les étangs. C'est pourquoi les riches marchands et les grands commerçants parcoururent tout l'Empire. Il n'y eut aucun des objets d'échange qui n'allât partout ; on obtenait ce qu'on voulait » (trad. Éd. Chavannes). Certains de ces marchands parvinrent à réunir des fortunes colossales. Prenons l'exemple de la famille Zhuo, une de celles que Qin shi Huang di avait déportées au Si chuan ; elle s'enrichit par la fonte du fer et le commerce avec les aborigènes du Sud ; vers 100 AE, le chef de famille possédait 800 esclaves, des champs cultivés, des étangs pour la pêche et des parcs de chasse, « comme un seigneur » ; lorsque sa fille épousa le poète Si ma Xiang ru, il lui accorda en dot une centaine d'esclaves et un million de pièces de monnaie (soit un poids d'or d'environ 72 kg)[1].

Survivance des forces centrifuges. – Ces transformations économiques n'allaient pas sans modifier profondément la société et il s'en fallait que tous les éléments de cette société acceptassent l'ordre impérial. Le pouvoir central des Han eut à réduire de nombreux obstacles et, pour commencer, celui que constituaient les régionalismes. Les pays chinois formaient, naguère encore, des unités distinctes, autonomes, attachées à leurs traditions, à leurs coutumes, à leurs langues. L'autocratisme de Qin shi Huang di n'avait pu en avoir raison en quelques décennies ; à sa mort, ils reparurent et, durant toute la période Han, continuèrent à se manifester (irrédentisme de l'ancien État de Chu/Tch'ou, qui, jusqu'au IIIe siècle AE, avait

1. Cf. Y. Hervouet, *Un poète de cour sous les Han, Sseu-ma Siang-jou*, Paris, PUF, 1964, p. 47.

constitué un très puissant royaume ; rivalité entre les régions contiguës du Shân xi et du He nan).

Ces tendances au séparatisme étaient exploitées d'abord par l'ancienne noblesse, contre qui l'Empire s'était fait ; les Han furent parfois obligés de lâcher du lest et de composer, au moins temporairement, avec les membres de cette oligarchie (reconstitution de certaines principautés ; attribution de titres honorifiques, pouvant aller jusqu'à celui de *Wang*, ou « roi »). Mais, à long terme, le danger venait d'ailleurs ; il venait des grands propriétaires fonciers, « hommes nouveaux », qui, à l'origine, avaient favorisé l'avènement des Han, mais qui ne se souciaient guère d'avoir à obéir à un pouvoir central trop puissant. Or, si la vieille noblesse était sur son déclin, cette « gentry » représentait au contraire une force en pleine expansion. Tout au long de la période, mais plus spécialement au cours des deux premiers siècles de notre ère, les grands domaines ne firent que croître en nombre et en superficie[1]. Sur ses terres, souvent fort éloignées de la capitale, le nouveau propriétaire avait tendance à se considérer comme un maître absolu et il n'était pas rare de le voir armer ses paysans pour s'opposer aux ordres de l'empereur.

Dernière opposition enfin, et non des moindres, celle des masses paysannes. Nous sommes peu renseignés sur leurs conditions de vie, mais il est à penser qu'elles restaient précaires ; lorsqu'elles deviennent par trop mauvaises, les paysans quittent leurs villages, se regroupent en bandes plus ou moins organisées et se soulèvent sous la direction de quelques chefs. Parfois, ils se forment en communautés disciplinées et hiérarchisées et cherchent dans les croyances populaires (essentiellement taoïstes) les éléments d'une idéologie propre à stimuler leurs luttes. Les Han, après les Qin[2], eurent affaire à plusieurs

1. On a conservé un texte très intéressant du IIe siècle EC, qui retrace, mois par mois, les activités d'un de ces grands domaines ; il s'agit du *Si min yue ling*, réédité par Shi Sheng han (Pékin, 1965).

2. Les historiens chinois des années 60 ont eu tendance à insister tout spécialement sur le soulèvement des paysans du An hui, qui, en 209, se révoltèrent sous la direction de Chan Sheng et Wu Guang ; ils y voyaient « la première jacquerie » de l'histoire de Chine.

reprises avec de semblables soulèvements, et ce fut l'un d'entre eux qui, pour finir, eut raison de leur dynastie (IIe siècle EC).

1. **L'ordre sous les premiers Han**[1]. – Les premiers empereurs Han poursuivirent en gros une politique d'apaisement ; ils furent obligés de rétablir partiellement les anciennes seigneuries, mais parvinrent à mater les révoltes suscitées par les nouveaux « Rois » ; ils tâchèrent de provoquer un retour à la terre (rendu nécessaire après huit ans de guerre civile) en diminuant les taxes et les corvées. C'est à cette époque également, que fut entreprise la rédaction du *Code* des Han, qui, grossi par la suite de la jurisprudence, devait compter, vers 200 EC, 26 272 paragraphes et plus de 17 millions de caractères[2].

Puis vint l'empereur Wu di (Wou-ti) qui, par sa personnalité et par la longueur de son règne (54 années de 140 à 87), domine toute la période. Afin de rompre définitivement la puissance de la noblesse, il essaya d'y faire entrer certains membres de sa famille, plaça auprès des seigneurs des « conseillers » à sa dévotion, puis instaura (en 127) le système des apanages qui avait pour effet de diviser leur territoire à chaque génération. Il chercha parallèlement à renforcer le pouvoir central et à recruter une équipe de fonctionnaires sur qui il pût compter ; il publia un édit invitant chaque région à lui désigner l'homme le plus vertueux qui s'y trouvait, puis, en 134, organisa le premier examen officiel. Les textes classiques, bannis par Qin shi Huang di, furent remis à l'honneur, et les candidats durent s'imprégner de leurs principes et de la morale confucéenne qui s'en dégage.

L'empereur Wu di veilla aussi à stimuler l'essor économique ; il fit notamment creuser un canal parallèle à la rivière Wei, qui reliait la capitale Chang an au Fleuve jaune. Pourtant, les conquêtes entreprises en Asie centrale coûtaient cher et un

1. Appelés aussi « Han antérieurs » ou « Han occidentaux », en raison de leur capitale, sise « à l'Ouest » (à Chang an, l'actuelle Xi an).

2. Cf. A. F. P. Hulsewé, *Remnants of Han Law*, vol. I : *Introductory Studies and an Annotated Translation of Chapters 22 and 23 of the History of the Former Han Dynasty*, Leide, 1955.

grave problème financier se posa bientôt ; on chercha alors surtout à combler le déficit par une série d'expédients[1] : en 123, création d'une noblesse vénale (dont le degré le plus élevé coûtait 370 000 pièces, soit plus de 37 livres d'or) ; en 119, refonte de la monnaie qui revenait à une dévaluation, création d'un monopole du fer et du sel, instauration d'un impôt mobilier frappant les revenus des marchands qui durent désormais déclarer leurs bénéfices[2]. En dépit de ces mesures, le trésor ne pouvait être renfloué de façon durable et l'autorité centrale s'en trouva ébranlée. Les grands propriétaires en profitèrent pour fortifier leur position, et pour soustraire au contrôle de l'État une quantité toujours plus grande de terres et de paysans libres.

2. **L'échec des réformes de Wang Mang.** – L'an 9 de notre ère, un des grands dignitaires de la cour, Wang Mang, usurpa le pouvoir et parvint à créer une nouvelle dynastie qu'il appela « Xin » (Nouveauté). Durant son règne éphémère (9-23 EC), il tenta plusieurs réformes[3], visant, semble-t-il, à ralentir d'une part la paupérisation des campagnes (interdiction de vendre les terres et les esclaves), et, d'autre part, à renforcer l'autorité centrale (contrôle des marchés et des prix, changement fréquent des monnaies)[4]. Ces tentatives restèrent sans effet ; les

1. La politique économique de l'empereur Wu di se trouve exposée au chapitre 30 des *Mémoires historiques* de Si ma Qian, intitulé « Traité sur la balance du commerce ».

2. Si ma Qian nous parle encore d'une curieuse « monnaie en peau » *(pi bi)*, faite avec le cuir d'un cerf blanc que l'empereur avait eu dans son parc ; « tous les nobles devaient offrir leur présent sur un morceau de cette peau et, pour l'acquérir, devaient payer quatre cents mille pièces ».

3. Les réformes de Wang Mang ont donné lieu à des interprétations contradictoires. W. Eberhard y voit l'œuvre d'un « pseudo-socialiste » ; Fan Wen lan, ainsi que la plupart des historiens chinois d'aujourd'hui, présentent Wang Mang comme le champion d'une partie de la classe dirigeante, rendue inquiète par l'affaiblissement du pouvoir et soucieuse de parer au danger paysan par des réformes.

4. Il y eut jusqu'à vingt-huit espèces de monnaie (monnaies d'or, d'argent, de cuivre, ainsi que des écailles de tortue et des cauris) ; ce phénomène est encore mal expliqué : tentative pour subvenir à un besoin grandissant de numéraire ? ou simplement mesure pour enrayer le faux-monnayage ?

propriétaires provinciaux continuèrent à agrandir leurs domaines et les grands marchands confisquèrent à leur profit le contrôle du commerce. La reprise de la guerre à la frontière du Nord mit le réformateur et son parti en difficulté, et la multiplication des soulèvements paysans eut finalement raison de la dynastie. Le peuple de la capitale investit le palais et Wang Mang fut décapité[1].

3. **L'effritement sous les Han postérieurs.** – Durant plusieurs années l'Empire connut une crise difficile ; toutes les régions riveraines du Fleuve jaune furent affectées par la révolte paysanne ; les armées des « Montagnes vertes », venues du sud de la rivière Huai, et celles des « Sourcils rouges »[2], venues du Shan dong, confluèrent vers Chang an, qu'elles prirent à plusieurs reprises (en 23 et 25). Pourtant les propriétaires terriens ne tardèrent pas à réagir et, grâce à leurs armées privées, purent reprendre la situation en main. Ils poussèrent sur le trône un membre de la famille Liu, qui voulut restaurer la dynastie créée par son ancêtre Liu Bang, et inaugura celle des « Han postérieurs » (Hou Han). Changement remarquable toutefois, il décida d'installer sa capitale, non plus à Chang an, mais « à l'est », à Luo yang (d'où l'autre nom donné à la dynastie, celui de « Han orientaux »).

Liu et ses successeurs tâchèrent à leur tour de remédier au problème de la terre et d'empêcher la formation des grands domaines qui minait peu à peu l'autorité centrale. En 35, on prend certaines mesures favorables aux serfs ; en 39, on exige l'enregistrement des propriétés, afin de pouvoir contrôler le régime foncier. Rien n'y fait et le processus se continue tout au cours de la période. Parallèlement, le pouvoir impérial s'affaiblit ; les dernières années (150-220) – durant lesquelles les Han ne règnent plus que nominalement – sont marquées à la cour

1. Son crâne fut conservé pendant deux siècles dans le trésor impérial, comme trophée.
2. Les révoltés se teignaient les sourcils en rouge afin de se reconnaître entre eux.

par de sombres intrigues et des rivalités souvent sanglantes entre les fonctionnaires lettrés et la faction des eunuques (167, exil d'un groupe de lettrés ; 189, mise à mort de plus de deux cents eunuques)[1]. Le centre de gravité a déjà quitté la capitale et s'est dispersé dans les provinces.

La question agraire n'a toujours pas trouvé sa solution et, en 184, éclate un nouveau soulèvement paysan, considérable par son ampleur et sa durée, celui des « Turbans jaunes » *(Huang jin)*. Deux régions sont principalement affectées, l'est (He bei, He nan, Shan dong) et le nord du Si chuan. Les révoltés s'organisent en communautés quasi religieuses, fortement teintées de taoïsme[2]. Le chef des Turbans jaunes de l'est répartit ses fidèles en trente-six circonscriptions à la tête de chacune desquelles il place un adepte nommé *fang* (H. Maspero traduit par « magicien »). L'administration était religieuse et l'on considérait les crimes comme des péchés ; les meilleurs, hommes comme femmes, se voyaient conférer des titres honorifiques ; lors des solstices et des équinoxes avaient lieu de grandes fêtes collectives, durant lesquelles les fidèles se livraient à des confessions publiques et recevaient des talismans guérisseurs. On évalue à 360 000 individus le nombre de ces Turbans jaunes ; devant cette explosion soudaine, l'unité impériale, depuis longtemps précaire, éclata définitivement. Pendant quatre siècles, il n'en sera plus question.

III. – Première extension de l'espace chinois

Les lointaines conquêtes de Qin shi Huang di, si elles trahissaient une étonnante prescience de ce que serait un jour la Chine, n'avaient eu dans l'immédiat que des effets éphémères. Les premiers empereurs Han régnèrent sur un espace relative-

1. Sur la crise de la fin du IIe siècle, cf. E. Balazs, « La crise sociale et la philosophie politique à la fin des Han », in *T'oung Pao*, vol. XXXIX, 1949.

2. Cf. H. Maspero, « Essai sur le Taoïsme aux premiers siècles de l'ère chrétienne », in *Le Taoïsme*, Publ. du Musée Guimet, Paris, 1950, p. 71 à 222.

ment réduit, qui n'excédait que par endroits les limites des anciens pays chinois du temps des Royaumes combattants. Au nord et au nord-ouest, la steppe et les abords de l'Asie centrale restaient contrôlés par des confédérations nomades, dont les plus importantes étaient celles des Xiong nu ; au sud, les régions comprises entre le Yang zi et les côtes étaient partagées en de multiples principautés, pour ainsi dire autonomes. Si le roi de Chang sha (dans l'actuelle province du Hu nan) faisait acte de vassalité, ceux de Min yue (act. Fu jian), de Nan yue (act. Guang dong), de Dian (est de l'act. Yun nan) restaient pratiquement indépendants. Chacun de ces domaines géographiques avait ses dialectes, ses cultes, ses traditions.

C'est sous l'empereur Wu di que les projets de conquête furent repris avec le plus de vigueur ; l'armée fut réorganisée (développement de la cavalerie, au contact des armées nomades, et nécessité de se procurer les chevaux nécessaires à la remonte) ; les fonctionnaires et les courtisans, partisans de la paix, furent réduits au silence ; enfin, en 138, on chargea Zhang Qian d'une mission de reconnaissance en Asie centrale. Celui-ci revint douze ans plus tard, avec de précieux renseignements sur les Xiong nu, les populations indo-européennes des oasis du Tarim, les Yue zhi, installés au Ferghana, et, d'une façon générale, sur les conditions du commerce avec l'Inde et l'Iran[1]. De semblables révélations étaient bien faites pour stimuler les ambitions des marchands et de certains généraux chinois.

À la frontière du Nord-Ouest, la lutte fut longue et pénible et le thème du soldat lointain, qui, séparé des siens, combat des années durant, contre le Xiong nu insaisissable, revient constamment dans la poésie Han[2]. En 121, puis en 119, les

1. Il avait reconnu en Sogdiane des étoffes et des bambous venus du Yun nan par la voie des Indes, ce qui lui avait révélé les possibilités d'une route méridionale avec l'Occident.

2. Cf. plusieurs poèmes Han, traduits dans l'*Anthologie de la poésie chinoise classique*, composée sous la direction de P. Demiéville (Paris, Gallimard, 1962), et notamment, p. 92, celui qui commence ainsi :

A quinze ans je suivis l'armée ;
C'est à quatre-vingts que je m'en reviens...

troupes chinoises remportent d'éclatants succès[1], puis vient une période de revers ; les armées de Li Ling, puis celles de Li Guang li subissent de lourdes pertes (99, puis 90). Pourtant la route du Tarim est ouverte et les commerçants Han entrent en contact avec les oasis et avec le Ferghana (État de Tai yuan), où ils se procurent les célèbres chevaux (« aux sueurs de sang »), nécessaires à la remonte. Par-delà, au travers de l'Empire parthe, les échanges se nouent avec l'Orient romain ; pendant quelques décennies, les « routes de la soie » connaissent une certaine activité. Sous les Han postérieurs, de nouvelles expéditions sont tentées contre les Xiong nu (campagnes victorieuses de Ban Chao, en 76-87) mais la pression des nomades se fait de plus en plus forte ; profitant des rivalités qui souvent les divisent, les Chinois permettent à certaines hordes de s'installer sur la frontière ; là, elles se sédentarisent et s'imprègnent peu à peu de culture chinoise. Le temps est proche où elles vont essayer de pénétrer plus avant dans l'Empire ; à partir du IIe siècle, les « barbares » venus d'Asie centrale ne cessent plus d'intervenir dans l'histoire de la Chine.

Au nord-est, l'empereur Wu di annexe la petite principauté coréenne de Luo lang, fondée en 194, par un aventurier chinois ; l'influence des Han se fera sentir dans cette région jusqu'à ce que se précise, au IIe siècle EC, le danger Xian bei ; là aussi l'Empire sera bientôt réduit à la défensive.

Vers le sud, l'expansion fut plus aisée. Elle se faisait sur un terrain très différent : populations sédentaires, plus proches des Chinois du Fleuve jaune, et liées à eux par des échanges plus anciens. La conquête du Nan yue (arrière-pays de Canton) fut chose acquise dès 111 AE. Tout le Sud fut réparti en commanderies, y compris l'actuel Nord-Viêt-nam, qui resta dépendant de la Chine jusqu'au Xe siècle. Plus importante sans doute que cette conquête, fut la lente sinisation (ou « hanisation ») qui l'accompagna et la suivit ; les marchands, les colons

1. Ces succès furent dus principalement à l'audace du général Huo Qu bing ; devant le tumulus de ce grand stratège (au Shân xi) on voit encore l'effigie d'un cheval en pierre, foulant au pied un Xiong nu renversé.

du Nord suivaient les soldats qui, eux-mêmes, s'établissaient souvent dans les régions conquises. L'usage d'un outillage en fer se répandit au sud du Yang zi[1] et, peu à peu, les populations autochtones, celles des terres basses tout au moins, évoluèrent selon les principes que les fonctionnaires Han étaient chargés de leur donner[2]. Autre conséquence de cette conquête méridionale : les Chinois entraient en contact avec la mer qui conduisait vers l'océan Indien ; en 166, un marchand du « Da qin », c'est-à-dire très vraisemblablement de l'Orient romain, et qui se disait envoyé de « An dun » (Marc-Aurèle Antonin ?) arrivait en Chine par la voie maritime.

Ainsi se précisait la nature des confins du noyau chinois primitif ; au nord, résistance et réaction ; au sud, perméabilité et osmose.

IV. – Les fondements d'une nouvelle culture

Ces bouleversements économiques et sociaux, ces expéditions lointaines, qui révélaient des horizons jusqu'alors ignorés[3], ne pouvaient qu'entraîner une transformation des mentalités et des esthétiques. De ce point de vue, l'ère des Han est bien celle des initiatives ; fait important cependant, les centres culturels restent dans le Nord ; le Sud qui se sinise lentement n'a pu encore atteindre le même niveau de développement.

1. **La cour de l'empereur et celles des princes.** – La grande nouveauté fut ici la formation d'une cour impériale qui cher-

1. L'interdiction d'exporter des outils en fer vers le sud, promulguée temporairement par l'impératrice Lü, provoqua une importante révolte dans ces régions (183 AE).

2. Nous savons par exemple que le poète Si ma Xiang ru et l'historien Si ma Qian furent l'un et l'autre chargés de missions administratives, dans les régions du Sud-Ouest.

3. C'est au Ier siècle de notre ère que le bouddhisme fait son apparition en Chine ; selon la tradition, le premier temple fut érigé à Luo yang, à l'endroit même où le cheval qui apportait les premiers textes sacrés se serait arrêté. Autre preuve de ces contacts à longue distance : les très nombreux miroirs en métal poli de facture chinoise, qui ont été retrouvés en Asie centrale.

cha en quelque sorte à centraliser la culture, comme elle centralisait l'administration. Les seigneurs de l'époque des Royaumes combattants avaient eu autour d'eux des clientèles de philosophes et d'artistes ; l'empereur, devenu seul maître, se devait de regrouper les talents dans sa capitale et de faire de cette capitale un centre de rayonnement.

C'est à Chang an (act. Xi an, au Shân xi), que s'éleva le premier palais des Han ; il n'en subsiste malheureusement que peu de chose et on reste dans l'impossibilité de se représenter exactement le cadre de cette cour. Nous connaissons mieux les mesures prises par l'empereur Wu di pour asseoir son prestige et réunir une pléiade de gens qualifiés. Il réforma le calendrier, qui fit de l'empereur la mesure du temps[1] ; il organisa le rituel de nouveaux sacrifices qu'il alla, accompagné de toute sa suite, offrir aux forces de la nature sur le pic, depuis longtemps sacré, du Tai shan (au Shan dong)[2]. En 110 AE, il institua un Bureau de la musique (Yue fu), chargé de recueillir dans toutes les régions de l'Empire les airs de musique populaire[3]. Tout au cours de son règne, Wu di fut à la recherche des hommes de valeur, fussent-ils « sortis de rien » ; il recruta par examen les lettrés et les politiques et attira à lui les poètes (comme Si ma Xiang ru)[4] et les savants. Il aimait aussi à s'entourer

1. L'année, qui, auparavant, commençait à la dixième lune, débuta désormais avec la première lune de printemps. On instaura parallèlement le système des ères dynastiques *(nian hao)*, qui devait se perpétuer jusqu'à la fin de l'Empire ; un nom particulier était donné à une période plus ou moins longue et les années étaient désignées par référence à cette période ; l'ère Yuan ting correspond ainsi aux années 116-111 AE et l'année « troisième de l'ère Yuan ting » se trouve correspondre à 118 AE. On choisissait un nouveau *nian hao* à chaque nouvel avènement ou, en cours de règne, lorsque quelque événement extraordinaire s'était produit.

2. Pour le détail du rituel de ces sacrifices, cf. É. Chavannes, *Le T'ai Chan, essai de monographie d'un culte chinois*, Paris, Leroux, 1910, p. 3 à 43 ; le sacrifice *feng* s'adressait au ciel, le sacrifice *shan*, à la terre ; l'un et l'autre étaient encore célébrés sous les Song (XIe siècle).

3. Cette institution donna plus tard son nom à un nouveau genre poétique, le *yue fu*.

4. Celui-ci s'illustra dans un genre poétique encore peu pratiqué, le *fu* ; cf. Y. Hervouet, *Un poète de cour sous les Han, Sseu ma Siang jou*, Paris, PUF, 1964.

d'alchimistes et de maîtres taoïstes, qui lui promettaient la découverte de l'élixir d'immortalité[1].

La cour de Wu di reste la plus célèbre et la mieux connue, mais après lui, ses successeurs, également soucieux de prestige, cherchèrent à réunir semblables clientèles. Wang Mang par exemple était entouré par un groupe de conseillers taoïstes, dont les travaux sont, selon J. Needham, d'un puissant intérêt pour l'étude des sciences chinoises. Lorsque Chang an fut abandonnée par la cour, un nouveau centre culturel se forma à Luo yang. C'est là qu'en 29 EC fut fondé le Grand Collège (Tai xue) qui devait regrouper jusqu'à 30 000 étudiants (il y avait 1 800 cellules réparties en 240 bâtiments) ; c'est à Luo yang, que se trouvait une magnifique bibliothèque ; lorsque le dernier empereur Han voulut l'emmener dans sa fuite, il ne fallut pas moins de 7 000 chariots pour la transporter.

Mentionnons également certains centres annexes, cours de princes locaux, qui, au début du moins, purent rivaliser avec les fastes de Chang an : cours du roi de Wu, du roi de Liang et surtout cour de Huai nan (dans l'act. province de An hui), où, au IIe siècle AE, un membre de la famille impériale, Liu An, avait rassemblé un petit groupe d'écrivains qui rédigèrent, sous sa direction, un recueil d'anecdotes et de réflexions, qui porte son nom *(Huai nan zi, « Le maître de Huai nan »)*.

2. **La formation du groupe des lettrés.** – Dans les textes qui datent de l'époque des Royaumes combattants, on rencontre constamment un groupe social bien particulier, celui des « intellectuels errants ». Ils allaient d'État en État, vendant, pour vivre, leurs conseils à quelque riche disciple, obtenant, dans le meilleur des cas, avec une place de ministre, l'occasion de mettre en pratique les principes de gouvernement dont ils avaient élaboré la théorie. Avec l'Empire, tout changea. Qin shi Huang di, on se le rappelle, avait utilisé la manière forte ;

1. La personne de l'empereur Wu di restera une figure marquante dans la tradition taoïste ; cf. K. M. Schipper, *L'empereur Wou des Han dans la légende taoïste*, Paris, Publ. de l'EFEO, 1965.

les Han, plus habiles, cherchèrent à regrouper les possesseurs de savoir, à les enrôler dans une bureaucratie dont la nécessité se faisait toujours plus sentir, au fur et à mesure que l'Empire grandissait. En même temps qu'on améliorait leur situation matérielle et sociale, on les engageait à plus de conformisme et à plus d'obéissance. Au thème ancien de la fidélité au prince, vint se superposer celui de la fidélité à l'empereur.

Pour cimenter les rangs de ce groupe nouveau, qui ne formera « une classe » que peu à peu, il faut une idéologie commune. Les Han remettent à l'honneur les classiques confucéens, qui semblent devoir garantir au mieux l'ordre social nouvellement instauré. Bien que forgés dans une société sensiblement différente de celle des Han, les principes de Confucius exigent le respect des hiérarchies et des traditions[1] et présentent le souverain comme le seul garant du bien-être général. On retrouve des copies de ces classiques, dissimulées sous Qin shi Huang di ; on les compare, on les compile, on les annote. Sous Wu di, Dong Zhong shu commente la *Chronique des printemps et des automnes* (comptée au nombre des classiques) et prend une part active à l'élaboration de ce qui sera « l'orthodoxie » confucianiste. Sous les Han postérieurs, le texte « officiel » des classiques est établi et gravé sur de grandes dalles de pierre, conservées au Grand Collège de Luo yang (on en a retrouvé quelques fragments).

L'apparition de ces lettrés-fonctionnaires, qui détiennent à la fois l'autorité que leur délègue l'empereur, et l'instruction – symbolisée pour les profanes, par la connaissance des idéogrammes de la langue écrite –, et qui, de plus en plus, auront tendance à se recruter parmi les éléments les plus aisés du pays, constitue un phénomène très important dont les effets se feront sentir jusqu'à la fin de l'Empire.

1. Confucius fondait son système sur le sens moral ; il exigeait le respect du prince, du père, de l'aîné, du mari ; tout changement de l'ordre social ne devait procéder que de l'initiative du prince. Les Han mirent tout spécialement à l'honneur le texte du *Classique de la piété filiale (Xiao jing)*.

3. **De nouvelles attitudes intellectuelles.** – *a) Esprit d'érudition.* – Le développement d'une administration complexe, où, dès le début, le document écrit joua un rôle primordial, ainsi que les problèmes posés par la critique et la réinterprétation des textes classiques, amenèrent très tôt les lettrés chinois à mettre au point toute une série de techniques originales. Et d'abord, technique de la conservation de l'écrit ; c'est sous les Han postérieurs qu'apparut, à côté des lamelles de bambou ou de bois utilisées jusqu'alors, le papier, inventé, selon la tradition, par l'eunuque Cai Lun. On se mit également à utiliser le pinceau, au lieu du stylet, ce qui permit le développement d'une écriture cursive, plus pratique. Tous les manuscrits étaient soigneusement conservés et l'on décèle l'embryon d'une bibliothéconomie, avec Xiao He, qui regroupait les textes les plus précieux dans une tour, dite « du canal de pierre », à Chang an.

La bibliographie, qui connut sous les dynasties suivantes un prodigieux développement, apparaît dès les Han ; les Annales officielles comportent, dès cette époque, un chapitre spécial où se trouve le catalogue des principaux ouvrages parus (700 titres recensés). La lexicographie fait également ses débuts avec le *Shuo wen jie zi*, premier grand dictionnaire, compilé par Xu Zhen, et donnant l'explication de 9 000 caractères.

b) Esprit historique. – Un des phénomènes les plus remarquables fut l'apparition d'une histoire méthodique et critique. Sans doute, cette nouvelle histoire garde-t-elle encore quelques traits du ritualisme des anciennes chroniques locales ; sans doute est-il dangereux d'évoquer Thucydide, et à plus forte raison, notre histoire moderne. Pourtant, elle sait envisager les ensembles et s'élever jusqu'à la synthèse ; et, fait nouveau, elle considère l'évolution de l'*Empire* (« Tian xia ») et non plus seulement celle des parties qui le composent. Le grand nom est ici celui de Si ma Qian (145 ? - 86 ?), l'auteur du *Shi ji*[1] ; après

1. Une bonne partie du *Shi ji* a été traduite par E. Chavannes, *Les mémoires historiques de Sseu-ma Ts'ien, traduits et annotés*, Paris, 1895-1898 ; sur la vie, l'œuvre et la méthode de Si ma Qian, consulter la préface de cette traduction.

avoir beaucoup voyagé, du nord au sud et de l'est à l'ouest, il servit comme fonctionnaire à Chang an, puis tomba en disgrâce. Son livre couvre toute l'histoire de la Chine, depuis les origines jusqu'au règne de l'empereur Wu ; il comprend 130 chapitres, répartis comme suit : annales principales (12 chap.), tableaux chronologiques (10), huit traités (8), histoire des maisons héréditaires (30), monographies et biographies (70). Nous avons vu, dans l'introduction, que cette œuvre monumentale servit de modèle aux historiens postérieurs, à commencer par Ban Gu qui, au Ier siècle EC, rédigea le *Livre des Han (Han shu)*.

c) Esprit « scientifique ». – Au Ier siècle EC, un homme du Sud, Wang Chong (natif de Gui ji, dans l'act. Jiang su), rédige un important traité en 85 chapitres, le *Lun heng* ; il y esquisse une critique des opinions qui ont cours à son époque, et s'en prend notamment aux interprétations confucéennes. Il condamne les superstitions et propose de donner une explication rationnelle des phénomènes naturels. Sa pensée s'inscrit dans une longue tradition, souvent oblitérée par l'« orthodoxie » confucéenne, mais vivace tout au long de l'histoire de Chine. Tendance à l'observation de la nature, à l'empirisme, au relativisme, à l'évolutionnisme, qui rejoint un certain aspect du taoïsme et qui est à l'origine de tout le mouvement scientifique chinois.

J. Needham, qui a tout spécialement étudié cette tradition[1], souligne combien la période Han marqua un tournant important à ce point de vue : progrès de l'alchimie, où l'on trouve mêlées à de la magie, des préoccupations scientifiques, progrès considérables de la médecine et de la chirurgie, avec Shun yu Yi et Hua Tuo, progrès de l'astronomie enfin, avec Zhang Heng (78-139) qui construisit un globe céleste qu'il coupla avec une clepsydre ; il pouvait ainsi représenter l'image du ciel étoilé pour une heure donnée. Zhang Heng est également

1. Cf. J. Needham, *Science and civilisation in China*, Cambridge, 7 vol. parus de 1954 à 1971 et plus spécialement le tome II, *History of scientific thought*, 1956.

célèbre par son sismographe qui lui permit de détecter un tremblement de terre survenu au Gan su, plusieurs jours avant que la nouvelle en parvienne à Luo yang.

4. **Art funéraire et variétés provinciales.** – Comparées aux ruines archéologiques que nous ont laissées les civilisations alexandrine et romaine (sensiblement contemporaines), celles de la civilisation Han font piètre figure ; les architectures étaient en matériaux périssables (bois, briques, tuiles) et il n'en reste pour ainsi dire rien[1]. Nous sommes cependant très bien renseignés sur la vie matérielle des classes aisées et sur les arts figuratifs, grâce aux très abondants mobiliers funéraires, trouvés dans les tombes. C'était la coutume en effet d'ensevelir les morts dans des caveaux familiaux, parfois assez vastes et décorés de bas-reliefs (au Shan dong notamment, où la pierre se trouvait en abondance) ou de peintures. On déposait auprès d'eux des maquettes en terre cuite ou en bois, figurant la maison où ils avaient vécu, les animaux et les serviteurs qui les avaient entourés de leur vivant, ainsi bien entendu que tous les objets d'usage courant qu'ils avaient utilisés. Nous avons ainsi de précieux documents sur le costume, l'habitat, les techniques, en même temps que de bons témoignages de l'habileté des artistes. L'une des plus extraordinaires découvertes a été celle, effectuée durant la Révolution culturelle, d'une tombe princière datant des Han antérieurs, à Man cheng (He bei) ; le corps, recouvert d'une sorte de linceul en plaques de jade assemblées par des fils d'or, se trouvait déposé dans une grande salle taillée dans la falaise. En 1983, une tombe de même type, datant de 122 AE, a été découverte au plein cœur de la ville de Canton.

Une analyse comparative de ces nombreuses tombes permet également de mesurer l'ampleur de la sinisation. On a trouvé ainsi dans des tombes de Corée et du Nord-Viêt-nam des mobiliers qui prouvent manifestement l'influence chi-

1. Quelques pierres du palais de Chang an et du Grand Collège de Luo yang, quelques fortifications dans le désert de Gobi.

noise, et dans des tombes Xiong nu, des laques et des soieries qui proviennent du centre de la Chine. Inversement, certaines tombes que l'on peut dater de la même période (par la présence de quelques objets Han) témoignent d'une originalité profonde ; citons par exemple les tombes des populations Man du Si chuan, où les morts sont ensevelis dans leur bateau[1] et surtout, au Yun nan, les tumulus de Jin ning (au sud du lac de Kun ming) où ont été retrouvés un très grand nombre d'objets en bronze (armes, tambours, etc.) et qui posent aux archéologues un passionnant problème, celui de l'extension de la technique du bronze et de la civilisation dite « de Dongsön » (site du Nord-Viêt-nam où l'on a également retrouvé des tambours de bronze), depuis la Chine du Sud jusqu'en Indochine et en Insulinde[2].

1. Cf. *Rapport sur les fouilles des tombes à « bateaux-cercueils » du Si chuan (Si chuan chuan guan zang fa jue bao gao)*, Pékin, 1960, avec 44 dessins et 46 planches.

2. Cf. *Rapport sur les fouilles de la nécropole du Mont Zhai, près Jin ning au Yun nan (Yun nan Jin ning Shi zhai shan gu mu qun fa jue bao gao)*, Pékin, 1959, 1 vol. de planches et 1 vol. de texte ; ainsi que M. Pirazzoli-t'Serstevens, *La civilisation du royaume de Dian*, Paris, Publ. de l'EFEO, 1974.

Chapitre II

L'APPEL DES CONFINS (IIIe-VIe siècle)

En Chine, comme en Europe, la période qui va du IIIe siècle au VIe siècle correspond à une étape décisive. En Occident, les grandes invasions mettent en péril l'Empire romain, qui cède et se fractionne ; de nouveaux États apparaissent et la culture antique évolue au contact des « barbares »[1]. En Extrême-Orient, le poids des « empires de la steppe » se fait pareillement sentir ; l'Empire des Han éclate et des peuples venus du Nord et du Nord-Ouest pénètrent et s'installent dans l'espace chinois. Ceci ne va pas sans luttes, ni parfois sans un certain recul culturel. Les centres de gravité de l'Ancien Monde se trouvent alors reportés à proximité des rives de l'océan Indien, où s'épanouissent les Empires des Gupta (Inde), des Sassanides (Iran), d'Axum (Éthiopie). L'Inde surtout irradie : sa culture gagne alors peu à peu les régions d'Asie du Sud-Est[2] et le bouddhisme s'expatrie pour gagner l'Asie centrale et l'Extrême-Orient.

L'histoire de Chine prend à ce moment un intérêt tout particulier. Quelle va être en effet la réaction de la société chinoise face à l'impact des barbares et face à la pénétration du bouddhisme ? Les études d'ensemble restent pourtant encore rares et sous l'enchevêtrement des successions dynastiques, il est parfois difficile de dégager les éléments de l'explication nécessaire.

Éclatement politique et économique. – Le fait frappant est la fragmentation politique. Les événements, complexes dans

1. Cf. R. Grousset, *L'Empire des steppes*, Paris, Payot, 1941.
2. Cf. G. Cœdès, *Les États hindouisés d'Indochine et d'Indonésie*, Paris, de Boccard, 1964.

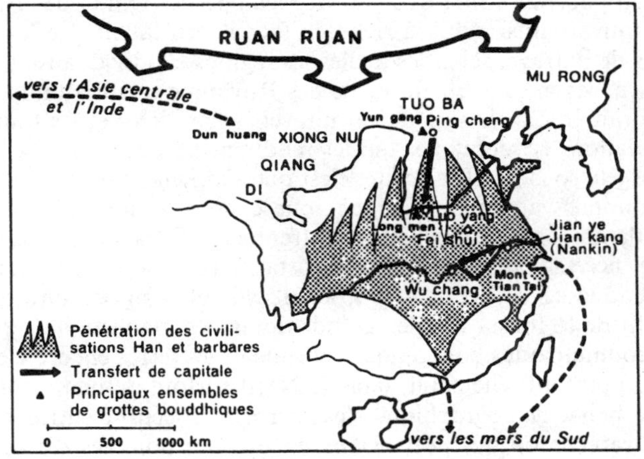

Fig. 3. — L'appel des confins

leur détail, peuvent être ramenés au schéma très simplifié que voici. Après que la dynastie Han se fut effondrée, sous le double coup des barbares et des Turbans jaunes, l'Empire se scinda en trois royaumes rivaux : le royaume de Wei (au nord, le long du Fleuve jaune), le royaume de Wu (dans le Sud), le royaume de Shu (dans le bassin du Si chuan). Après un temps bref de réunification (dynastie des Jin de l'Ouest, 280-316), le pays se trouva à nouveau divisé. Cinq dynasties d'origine chinoise se succédèrent dans le Sud, tandis que des dynasties barbares, éphémères ou plus durables (comme celle des Wei du Nord, 386-532), s'établissaient dans le Nord. Finalement, les Sui parvinrent à rétablir l'unité en 581[1].

1. Pour le détail des faits, voir Grousset, Auboyer et Buhot, *L'Asie orientale des origines au* XVe *siècle*, Paris, PUF, 1941, p. 206 à 232. Les annales chinoises distinguent trois périodes : celle des Trois Royaumes (San guo, 220-280), celle des Jin de l'Ouest (Xi Jin, 280-316) et celle des Dynasties du Nord et du Sud (Nan bei chao, 316-580) ; cette dernière période est dite également « période des Six Dynasties ».

On pourrait croire que l'effort séculaire des Qin et des Han se trouvait ainsi réduit à rien ; en fait, il s'en fallait que les lignes de partage, selon lesquelles les régions s'individualisaient, fussent les mêmes qu'au temps des Royaumes combattants. Il faudrait étudier le sens de ces nouvelles frontières et les transformations économiques qui les rendirent nécessaires. Si le réseau jeté sous les Han éclate, c'est que s'affirment de nouvelles autonomies agricoles ; chaque zone cherche à subvenir indépendamment à ses besoins et entreprend les travaux d'irrigation, nécessaires à sa propre subsistance (mentions de travaux hydrauliques à Wei et à Wu, au IIIe siècle). L'agriculture tire profit de la formation des grands domaines monastiques, que les communautés bouddhiques créent sur les terres encore vierges ; pourtant, elle subit, dans le Nord surtout, le contrecoup de la baisse démographique ; les guerres, l'insécurité entraînent une raréfaction des hommes et surtout des hommes disponibles pour l'État (fuite des paysans, migrations des populations vers le Sud). Cette fragmentation économique et politique n'exclut pas un certain commerce interrégional qui subsiste en dépit des conflits ; mais ces échanges restent bien en deçà de ce qu'ils avaient été sous les Han ; chaque État bat sa propre monnaie.

Crise de la notion d'empire. – Le beau rêve d'une monarchie héréditaire qu'avait formé Qin shi Huang di, et que les Han avaient repris après lui, s'est évanoui pour quatre siècles. Le sinologue allemand Otto Franke a calculé que sur vingt-six souverains qui portèrent le titre d'empereur au cours de la période, treize furent tués, quatre détrônés et neuf seulement périrent de mort naturelle. Chacune des dynasties qui régnaient conjointement se considérait comme légitime, et ce n'est que par la suite que l'on rétablit une succession « officielle », en laissant de côté tel ou tel prince, tenu pour « usurpateur »[1]. L'empereur n'était souvent qu'un général victorieux qui se

1. C'est ainsi que des Trois Royaumes, on considéra Shu comme légitime ; son fondateur, Liu Bei, appartenait en effet à la famille des Han.

trouvait à la merci des grandes familles, qui possédaient effectivement la terre et l'autorité, ainsi qu'à celle des autres officiers, ses rivaux. Afin de faciliter la succession, lorsque les événements l'imposaient, il arrivait qu'on eût recours, chose inouïe, à un rituel d'abdication ; l'empereur déchu remettait solennellement les sceaux à son successeur plus heureux, en présence de toute la cour.

Dans ces conditions, l'idée même d'unité perdait nécessairement de sa force. Elle fut vivace au temps des Trois Royaumes, puis reprise par les Jin de l'Ouest qui parvinrent à rassembler les terres chinoises durant une cinquantaine d'années ; au IVe siècle, le « barbare » Fu Jian tenta une dernière fois, à partir du Nord, la réunification ; il se heurta aux troupes du Sud, au nord de la rivière Huai, et subit un cuisant échec (bataille de Fei shui, dans l'act. province de An hui, 383). Après lui, l'idée ne sera guère reprise jusqu'aux Sui ; les rivaux se contenteront d'escarmouches dans la région-frontière, maintenue entre le Fleuve jaune et le Yang zi, dans la vallée de la Huai.

Crise des mentalités. – En ces siècles troublés, l'enseignement moral des confucéens tend à passer à l'arrière-plan et cède la place à deux nouvelles idéologies, mieux adaptées à l'insécurité du moment : le taoïsme et le bouddhisme[1]. Le taoïsme, qui, nous l'avons vu, avait inspiré les chefs des Turbans jaunes, s'organise peu à peu en religion constituée. Les *dao shi*, ou prêtres taoïstes, ont leur place à la cour. Leurs préoccupations astrologiques et alchimiques (recherche de l'élixir d'immortalité, problème de la transmutation des métaux) attirent les esprits, séduits par l'espoir de pouvoir s'affranchir un jour de la pesanteur qui retient l'homme ici-bas[2]. Le bouddhisme avait été introduit à Luo yang dès le Ier siècle EC, mais c'est surtout à partir

1. Ces deux courants eurent de multiples points communs et il est parfois arbitraire de les distinguer trop nettement ; les premiers traducteurs des textes bouddhiques empruntèrent notamment beaucoup au vocabulaire des taoïstes.

2. Cf. J. Lagerwey, *Wu-Shang Pi-Yao, Somme taoïste du VIe siècle*, Publ. de l'EFEO, Paris, 1981.

du IIIe siècle qu'il se répandit, au nord comme au sud, au point de devenir la religion prépondérante ; aux esprits que les bouleversements avaient plongés dans l'inquiétude, il apportait la notion de la rétribution des actes et l'espoir d'une survie[1]. Des pèlerins se rendent en Inde et en rapportent les textes du canon bouddhique que l'on traduit petit à petit du sanskrit en chinois. La réflexion est stimulée par cet apport et l'art y trouve une nouvelle source d'inspiration.

Dès l'époque des Trois Royaumes, s'élabore une nouvelle société et de nouveaux types d'hommes apparaissent ; la postérité en a gardé le souvenir et même a fait de certains des héros. Un premier type est celui du général aventureux ; c'est un meneur d'hommes entreprenant, un stratège consommé ; au sein des difficultés, il ne se fie qu'à son courage ; rusé parfois, il sait être généreux ; il a l'étoffe d'un bâtisseur d'empire. C'est Cao Cao (Ts'ao Ts'ao), le fondateur de l'État de Wei, qui, entre deux batailles, aime à composer quelque poème ; c'est Liu Bei, le fondateur de l'État de Shu, et ses deux amis jurés, Guan Yu et Zhang Fei[2]. Un deuxième type, bien différent, est celui du dilettante taoïste, qui, loin de chercher à affirmer sa volonté de puissance en un monde bouleversé, cède à l'événement, se retire en quelque ermitage et goûte, en compagnie de quelques amis, les seuls plaisirs que donnent la musique, la poésie et le vin. Un de ces cénacles fut celui des Sept Sages de la forêt des bambous ; leur non-conformisme n'était pas sans leur attirer l'animosité de ceux qui étaient restés dans le siècle[3].

1. Un parallèle peut être esquissé avec ce qui se produit au même moment en Occident, où le culte antique des dieux de la cité s'écroule au bénéfice des religions orientales et plus spécialement du christianisme.

2. À présent, ces figures apparaissent surtout au travers du roman des *Trois Royaumes* (rédigé sous les Ming) qui leur a conféré une truculence particulière ; mais on se plaît à penser que les images que le romancier nous a peintes de ces condottieri, ne sont pas sans vraisemblance. Sous les dynasties Ming et Qing, Guan Yu fut honoré comme dieu de la guerre ; depuis 1949, le personnage de Cao Cao a fait l'objet de nombreuses études et controverses.

3. L'un d'eux, Liu Ling, se promenait dans un petit char, tiré par un cerf ; il était toujours accompagné de deux serviteurs ; l'un portait une jarre de vin, l'autre, une bêche, pour enterrer son maître sur place, si

I. – Le Nord et la steppe

1. **L'infiltration des barbares.** – Au cours des IIe et IIIe siècles, les populations semi-nomades des confins septentrionaux, que les textes chinois désignent du terme global de *Hu* (« barbares »), s'étaient immiscées jusque dans les provinces centrales (région du moyen Fleuve jaune) ; leurs soldats jouaient souvent un rôle déterminant et maint général chinois n'avait obtenu la victoire sur son rival que grâce au concours de chefs « Hu ». À partir du IVe siècle, ces chefs se sentent assez forts pour agir en maîtres. Après que les Jin de l'Ouest eurent vainement tenté de restaurer l'unité, les régions du Nord de la Chine passèrent sous l'autorité de principicules « barbares », qui, durant plus d'un siècle (depuis la prise de Luo yang par les Xiong nu, en 311, jusqu'à la réunification du Nord par les Wei, en 436), se disputèrent l'hégémonie. C'est ce qu'on appelle, traditionnellement, la période des Seize Royaumes ; sur ces seize royaumes, trois seulement furent fondés par des familles de souche chinoise.

Il est souvent difficile de se prononcer avec certitude sur l'origine ethnique de ces populations nordiques. La quasi-totalité de nos sources est en chinois et il est malaisé de savoir quelles étaient leurs langues originelles ; la plupart appartenait à l'un ou l'autre des groupes ethniques qui entouraient le noyau chinois, tangoute (tibétain), turc, mongol ou toungouse. Les textes mentionnent principalement les groupements suivants : les Di et les Qiang, venus du Qing hai, du Gan su, et des confins tibétains ; les Xiong nu, installés depuis les Han dans la région de l'Ordos ; les Jie, naguère dépendants des Xiong nu ; les Xian bei, dont une fraction, les Mu rong, venaient de la vallée du Liao (en Mandchourie), et une autre fraction, les Tuo ba (To-pa ou Tabghatch), du plateau de Mongolie ; les Ruan ruan (Jouan-Jouan) qui, sans pénétrer dans le territoire chinois pro-

celui-ci venait à mourir. Le chef du groupe, Xi Kang, fut exécuté sur l'ordre d'un ministre que son mépris avait profondément blessé ; cf. D. Holzman, *La vie et la pensée de Hi K'ang*, Leide, 1957.

prement dit, constituèrent un vaste Empire du Khingan aux monts Tian shan et menacèrent la frontière du Nord[1]. La Chine septentrionale se fragmente en plusieurs unités autonomes et rivales : à l'ouest, le « corridor » de ce qui sera le Gan su ; au centre, les hauteurs de l'actuel Shan xi ; à l'ouest, la plaine de l'actuel He bei ; au sud, la vallée de la Wei et celle du moyen Fleuve jaune, noyaux de l'ancien Empire. Le souvenir des anciens « Royaumes combattants » reparaît et les nouveaux États se réclament de Yan, de Wei, de Qin et même de Zhou[2].

Cette période troublée correspond, semble-t-il, à un moment de dépression économique. Après une brève reprise au IIIe siècle dans le royaume de Wei (travaux hydrauliques et distribution de terres à des soldats-laboureurs), l'agriculture périclite. Les guerres incessantes ruinent les cultures et dépeuplent les campagnes (fuite des paysans en direction des régions du Sud) ; les nouveaux venus, nomades pour la plupart, mettent à contribution les populations sédentaires. Dans l'ouest, certains petits États entretiennent un commerce avec l'Asie centrale, mais d'une façon générale, les villes sont en décadence. Chang an, la glorieuse capitale des Han, ne compte plus qu'une centaine de familles ; les mauvaises herbes, nous dit-on, poussent un peu partout ; on ne trouve plus que quatre chars dans toute la ville et les fonctionnaires utilisent, à défaut de sceaux officiels, des tablettes en bois de mûrier, où sont gravés leurs noms et titres. Pourtant, l'arrivée des barbares n'a pas que des effets négatifs ; loin de ruiner systématiquement la civilisation chinoise, les nouveaux venus cherchent à s'en imprégner. De la fusion progressive des deux éléments, une nouvelle société va naître[3].

1. De même que les Xiong nu ont été assimilés aux Huns, les Ruan ruan (ou Rou ruan) ont été assimilés aux Avars, qui se mesureront avec les armées de Charlemagne ; les chefs Ruan ruan furent les premiers à porter le titre de Khan, repris par la suite par de nombreux princes d'Asie centrale.

2. Pour la situation géographique de ces divers royaumes, voir Grousset, Auboyer et Buhot, *op. cit.*, cartes nos 28 à 34.

3. Entre autres techniques, propres aux populations nomades de la steppe, les barbares introduisirent l'étrier ; cette innovation devait, comme en Occident, entraîner une transformation des techniques militaires.

2. **La fusion sous les Wei du Nord.** – Ce brassage continue sous la dynastie des Wei du Nord, fondée par les Tuo ba (c. 380 - c. 530). À partir du Shan xi, où ils eurent leur première capitale (Ping cheng, act. Da tong), les Tuo ba parvinrent à réunifier le Nord tout entier. Vers 440, ils sont à la tête de l'État le plus puissant de toute l'Asie orientale. En 494, ils transfèrent leur capitale à Luo yang, qui connaît un nouvel essor. Parmi les mesures, prises par les Wei du Nord, les plus célèbres sont sans doute celles qui visent à leur assimilation, à leur « sinisation » : obligation de porter des vêtements chinois (494) ; obligation de parler le chinois à la cour (495) ; obligation de choisir des noms de famille chinois (496). Les intermariages se multiplient. Les Han participent à l'administration (instauration du système dit des « trois chefs », chef de *ling*, chef de *li*, chef de *tang*, le *ling*, le *li* et le *tang* étant des circonscriptions administratives d'importance croissante).

Cette fusion s'accompagne d'une certaine relance de l'économie. Les terres arables, désertées au cours des troubles de la période précédente, sont redistribuées aux paysans, selon un système original, dit de « l'égalisation des champs » *(jun tian)* ; chaque homme adulte reçoit 40 *mu* (un peu plus de 2 ha) de « terre à ciel ouvert » *(lu tian)*, à titre viager, pour y cultiver des céréales, et 20 *mu* de « terre à mûrier » *(sang tian)*, à titre héréditaire. Cette mesure entraîne une reprise de l'agriculture, dans la région de Luo yang, tout au moins. Plus importante sans doute est la formation progressive de grands domaines monacaux ; ceux-ci ne se créent point sur les terres basses, irriguées, mais à flanc de coteau, sur les montagnes, là où abondent les terres incultes ; on peut penser que les moines bouddhiques jouèrent alors un rôle comparable à celui de nos Cisterciens, au XIIe siècle, ils défrichent et contribuent à accroître la superficie cultivée[1].

Parallèlement, les techniques se perfectionnent ; techniques agricoles tout d'abord, dont un traité d'agronomie, rédigé

1. Cf. J. Gernet, *Les aspects économiques du bouddhisme dans la société chinoise du Ve au Xe siècle*, Paris, Publ. de l'EFEO, 1956, p. 113 et s.

vers 540[1], nous permet d'apprécier les progrès (choix des espèces, assolements, emploi des engrais verts, greffes des arbres fruitiers, castration du bétail) ; techniques artisanales également : l'emploi du moulin à eau est attesté, ainsi que l'utilisation de la trempe de l'acier ; stimulé par une nouvelle clientèle, un artisanat de luxe se développe (soieries, céramiques à glaçure bistre, dites *qing*) ; techniques commerciales enfin, et là nous retrouvons les monastères bouddhiques, qui répandent en Chine certains procédés financiers qui avaient fait leurs preuves dans les pays bouddhisés d'Asie centrale : prêt sur gage, banque de prêt[2].

3. **Les progrès du bouddhisme dans les régions du Nord.** – L'âge des Seize Royaumes est un âge de fer, peu propre à l'épanouissement d'une culture. Les « barbares » pourtant apportent avec eux de nouvelles formes de pensée, qui ne seront pas sans influencer les développements ultérieurs[3]. L'influence prépondérante reste celle du bouddhisme, qui, au travers des États barbares, se fait sentir depuis l'Asie centrale et l'Inde. Des moines, originaires d'Occident, viennent prêcher la Loi en Chine du Nord ; parmi les plus célèbres, citons Kumarajiva, qui séjourna à Chang an, entre 401 et 413, et Bodhidharma, qui aurait vécu à Luo yang au début du VIe siècle et dont une nouvelle école, celle du Dhyana (*Chan* en chinois), se réclamera par la suite. Des pèlerins chinois entreprennent le voyage en sens inverse et se rendent en Inde, afin de quérir aux sources mêmes les textes du canon bouddhique ; le mieux connu est Fa xian, qui partit de Chang an en 399 ; il nous a laissé le précieux récit de ses pérégrinations[4].

1. Cf. Shih Sheng han, *A preliminary survey of the book Ch'i min yao shu*, Pékin, Sciences press, 1962.
2. Cf. J. Gernet, *op. cit.*, p. 165 et s.
3. Cette influence est particulièrement sensible dans le costume, en musique, en poésie ; c'est de cette époque que date la célèbre *Ballade de Mu lan*, où l'on croit reconnaître le souffle et les rythmes des bardes de la steppe (c'est l'aventure d'une jeune fille qui se déguise en garçon et part à la guerre à la place de son père).
4. La *Relation sur les pays du Bouddhisme (Fo guo ji)*, trad. par Giles, *The Travel of Fa Hsien*, Cambridge, 1923.

Le bouddhisme connaît alors une extraordinaire fortune. Il s'insinue dans les milieux populaires où il se mêle à d'anciennes pratiques autochtones ; des moines vaguants, qui sont aussi des magiciens et des prophètes, errent à travers les campagnes et captent la confiance des foules[1]. Il s'insinue en même temps dans les hautes classes et jusqu'à la cour, où, sous les Wei du Nord, il jouit d'un appui quasi permanent ; les grandes familles dépensent de fortes sommes pour la fondation de temples nouveaux et l'empereur Xiao wu publie en 533 une collection d'écrits bouddhistes. Il imprègne tous les esprits et suscite une étonnante floraison artistique, dont il est possible à présent encore de mesurer l'ampleur ; en de multiples points de la Chine du Nord, au Shan xi (à Yun gang, près de Da tong, où se trouvait la première capitale des Wei), au He nan (à Gong xian et surtout à Long men, près de Luo yang), au Gan su (à Mai ji shan et à Dun huang), on peut visiter de magnifiques grottes sculptées où les statues de Bodhisattva ont l'indéfinissable sourire que les archéologues ont appelé « le sourire Wei »[2].

4. **Un centre urbain : Luo yang.** – Durant toute la période, Luo yang, qui avait été la capitale des derniers empereurs Han, resta un des centres les plus animés ; Cao Cao, le fondateur du royaume de Wei, puis les Jin de l'Ouest y maintinrent leur capitale ; centre politique, Luo yang était aussi centre culturel : on raconte que sous les Jin le poète Zuo Si y composa un poème si apprécié que tout le monde en voulut avoir copie ; les réserves de papier furent épuisées en quelques heures ! Pour-

1. De 402 à 517, on ne dénombre pas moins de neuf rébellions suscitées par des moines bouddhistes (au Shan xi, He bei, Shan dong et Gan su).

2. Les grottes de Dun huang (Touen Houang) sont tout particulièrement célèbres ; elles sont au nombre de 480, creusées dans une falaise de 1 618 m de long ; seules, 23 grottes sont d'époque Wei ; les autres sont plus tardives, d'époque Tang pour la plupart. C'est à Dun huang, qu'au début de ce siècle, le sinologue français P. Pelliot découvrit, murés dans une cachette, un nombre considérable de manuscrits ; certains d'entre eux permettent de se faire une idée de la vie spirituelle et matérielle du monastère.

tant, la ville ne se développa vraiment qu'après 494, lorsque les Wei du Nord s'y furent installés. L'empereur Xiao wen envoya un architecte s'inspirer du plan de la ville de Jian ye (act. Nankin), où régnait la dynastie méridionale des Qi. Un texte d'époque[1] nous permet de nous faire une idée de l'ampleur de la nouvelle cité.

Le rempart avait douze portes. Au centre, se dressait le palais impérial, avec, au sud, le quartier administratif. La population était répartie en 220 *li* ou quartiers, situés à l'intérieur et à l'extérieur du mur d'enceinte. Selon l'*Histoire des Wei*, la ville comptait 109 000 feux, soit plus de 500 000 habitants. À l'ouest, se trouvait le Grand Marché ; à l'est, le Petit Marché, où se faisait le commerce des céréales et du bétail ; au sud, le marché dit « du Pont de l'éternité », où l'on vendait le poisson et les produits étrangers ; les marchands d'Occident logeaient près du pont, dans une auberge qui leur était réservée (le *Si yi guan*, ou « Auberge des étrangers des quatre orients »). La ville comptait 1 367 temples bouddhiques, dont un des plus notables était le Temple du Cheval blanc *(Bai ma si)*, fondé sous les Han, à l'endroit même où, selon la tradition, se serait arrêté le cheval qui apportait d'Inde les premiers textes sacrés. 5 à 6 % de la population étaient formés de moines et de nonnes.

II. – Les confins du Sud

1. **La sinisation du Sud.** – Sous la poussée des peuples de la steppe, des populations entières quittent la région du Fleuve jaune pour gagner les contrées méridionales ; elles y portent avec elles les éléments de cette civilisation « chinoise », qui, depuis les dynasties Shang et Zhou, s'était élaborée essentiellement dans le Nord. Cette « poussée vers le Sud » est un phénomène ancien sans doute (elle avait commencé dès avant les Han), mais l'arrivée des barbares lui communique une singulière intensité. Ces migrations et l'acculturation qu'elles entraînent sont à compter parmi les faits majeurs de la période

1. Le *Luo yang qie lan ji*, réédité par Zhou Zu mu, Pékin, 1963.

considérée. Elles auront pour résultat de rendre effectivement « chinoises » les terres du Sud que Qin shi Huang di avait eu pour dessein de rattacher à l'Empire, mais qui avaient conservé jusqu'alors une bonne part de leur originalité.

Les Chinois désignaient les populations méridionales du terme générique de « Man ». Nous sommes mal renseignés sur ce qu'étaient leurs langues et leurs coutumes ; ce que nous savons de leurs cultures rappelle parfois les observations faites par les ethnologues en Asie du Sud-Est ; la marqueterie ethnolinguistique que, de nos jours encore, on peut étudier dans le sud-ouest de la Chine (Yun nan, Gui zhou, Guang xi), donne peut-être une idée de ce qu'était alors la Chine du Sud du Yang zi, mais ce n'est là qu'une hypothèse. Les Han n'étaient parvenus à tendre à travers ces espaces immenses, climatiquement si différents du Nord, qu'un réseau encore assez lâche. Dès l'époque des Trois Royaumes, avec la formation des États autonomes de Shu, au Si chuan, et de Wu, au sud du Yang zi, la présence des hommes du Nord s'affirme. La pénétration s'effectue à partir de petits centres de commerce, apparus au cours des siècles précédents, en bordure de l'espace proprement chinois. Parfois, cela ne va pas sans heurts et les campagnes menées par Zhu ge Liang, un général de l'État de Shu, contre les populations « aborigènes » du sud du Si chuan sont restées célèbres (IIIe siècle). Pourtant, les zones vides d'hommes sont relativement nombreuses dans ce « far south » et l'implantation des « errants » (les historiens les désignent du nom de *liu min*) s'effectue le plus souvent pacifiquement. Les États qui ont tout intérêt à ce que les nouveaux territoires soient mis en valeur, stimulent le peuplement, en promettant une exemption d'impôt aux pionniers et aux défricheurs. On organise ainsi en pays « Man » une quarantaine de commanderies *(jun)* et plus d'une centaine de districts *(xian)*.

Deux zones servent principalement de tremplins à cette pénétration : la plaine de Cheng du (au Si chuan) et, surtout, la région du bas Yang zi.

2. **L'éveil de la région du bas Yang zi.** – C'est en 229 que Sun Quan, le fondateur de l'État de Wu, décide de transférer sa capitale de Wu chang (sur le moyen Yang zi) à Jian ye, sur le site de l'actuelle Nankin. En 317, les Jin, obligés de céder devant les barbares, refluent et s'y installent ; on les désignera désormais du nom de Jin de l'Est. La ville de Jian ye prend le nom de Jian kang et reste, pour plus de deux siècles et demi, la capitale des « dynasties du Sud » qui se succèdent, éphémères, dans ses murs[1].

L'agriculture fait alors de grands progrès. Partout, l'on défriche ; parfois, c'est une petite communauté d'émigrants qui se fixe en quelque coin perdu et cultive pour son compte ; mais le plus souvent, l'exploitation est dirigée avec des moyens plus puissants, par l'une des grandes familles de propriétaires, fixés dans le Sud depuis plusieurs générations, ou récemment arrivés du Nord[2]. Comme sous les Wei du Nord, les communautés religieuses jouent un grand rôle dans la mise en valeur des terres nouvelles ; ainsi est fondé, en 487, à proximité de Jian kang (Nankin), dans la solitude d'un charmant vallon, le monastère de Qi xia si, qui s'est perpétué jusqu'à nos jours[3]. On a compté qu'il devait y avoir dans le Sud environ 2 000 monastères au VIe siècle ; certains n'étaient sans doute que de petits ermitages mais d'autres, très vastes, occupaient plusieurs centaines de travailleurs. On entreprend parallèlement de grands travaux d'irrigation : canal de Ju rong, dans l'actuelle Jiang su, lac artificiel de la Montagne rouge (Chi shan), au sud-ouest de Jian kang. La céréale principale est le riz, plante originaire du Sud, qui ne gagnera les plaines du Nord que progressivement. C'est aussi le moment où se répandent la culture et l'usage du thé

1. Jin de l'Est (317-420), Song (420-479), Qi (479-502), Liang (502-557), Chen (557-589).

2. On distinguait ainsi, dans la région de Gui ji (act. Su zhou), les familles Yu, Wei, Kong et Xia, qui étaient « de vieille souche », et les familles Wang et Xie, qui ne faisaient qu'arriver.

3. À présent, les bâtiments du temple datent du XIXe siècle, mais il subsiste tout à côté une « grotte des mille Bouddhas », creusée au Ve siècle, sous les Qi.

(attesté pour la première fois au IIIe siècle), dont l'origine reste mal connue (confins tibétains ?).

L'artisanat progresse également. Jian kang est célèbre par ses fonderies et ses forges (dix ateliers au moins) ; on y apprête deux sortes d'aciers spéciaux, l'acier « cent fois recuit » *(bai lian gang)* et l'acier « mêlé », où le fer brut se mêle à un fer déjà travaillé[1]. Les ateliers de tissage sont installés dans les monastères ou dans les maisons nobles ; on y fabrique un brocart, dit « veiné », qui s'exporte outre-mer. Les fours à céramique produisent des pièces à glaçure bistre, dite *qing*, que l'on a retrouvées en grande quantité au cours des fouilles. Mentionnons encore les chantiers navals, dont l'activité est stimulée par le développement du commerce fluvial et maritime. Sous les Jin orientaux, on décide d'affecter une partie des condamnés au travail dans les manufactures de l'État.

Le commerce s'intensifie entre la région du bas Yang zi et les autres pays chinois, notamment avec le Si chuan (par la voie du haut Yang zi) et avec les États barbares du Nord (dans les marchés situés dans la région frontière de la Huai). Des courants d'échanges s'établissent avec les mers du Sud, avec l'Inde et le Fu nan (côtes de l'act. golfe de Siam). L'*Histoire des Liang* rapporte même qu'en 226 un marchand « venu du Da qin » parvint jusqu'à la cour de Sun Quan[2].

Cette évolution économique entraîna d'importants bouleversements sociaux. Une preuve en est la grande insurrection populaire, dirigée par Sun En et Lu Xun, qui enflamma tout le Sud, dans la première décade du Ve siècle. Le mouvement prit naissance dans le nord de l'actuel Zhe jiang ; après un échec devant Jian kang (401), Lu Xun gagna Fan yu (act. Canton)

1. La région du Bas-Yang zi était depuis longtemps célèbre par ses ateliers métallurgiques ; dès l'époque des Royaumes combattants, l'État de Wu était connu pour ses épées de bronze ; on a retrouvé au Jiang su des mines de cuivre et d'or dont les galeries datent des dynasties du Sud.

2. Cf. F. Hirth, *China and the Roman Orient*, 1885, p. 48 ; le texte ajoute que, pour honorer l'étranger, Sun Quan lui offrit une vingtaine d' « aborigènes de petite taille et de teint sombre », capturés dans les régions encore sauvages du Sud.

par mer et, de là, essaya de regagner la vallée du Yang zi. L'entreprise se termina par un échec[1].

3. **Bouddhisme, taoïsme, « rationalisme ».** – Le bouddhisme connaît ici, comme dans le Nord, un étonnant succès. Il bénéficie presque constamment de la faveur impériale, tout spécialement durant le règne de l'empereur Wu di des Liang (502-549), dont la piété fut extrême ; il fit publier le premier *Tripitaka*, ou collection des écrits bouddhiques (517), et entra en religion à plusieurs reprises (chaque fois ses ministres venaient le « racheter » contre une forte somme). Vers la fin du VIe siècle, le moine Zhi kai se retira au monastère de Tian tai (près de Ning bo, dans l'actuel Zhe jiang), chercha à adapter à la mentalité chinoise les conceptions du bouddhisme et fut à l'origine d'une tendance qui eut par la suite un grand succès en Extrême-Orient (cf. la secte Tendai, au Japon, dont le nom vient de Tian tai).

Le bouddhisme toutefois n'élimine pas toute autre forme de religion. Il vient s'ajouter aux croyances autochtones et se fondre avec elles, il ne les remplace pas. Ces croyances, que l'on regroupe sous le terme générique de taoïsme, sont tout particulièrement vivaces dans le Sud ; les *wu* (on traduit généralement par « sorciers », ou « chamanes ») sont nombreux dans ces terres, encore peu touchées par la réflexion humaniste des centres du Nord ; n'était-ce point dans l'État méridional de Chu, qu'avait vécu, au temps des Royaumes combattants, le grand poète Qu Yuan, dont les vers chantaient le thème taoïste de la randonnée idéale, à travers une contrée paradisiaque, peuplée de génies et de fées ? Au IVe siècle, la figure la plus marquante du taoïsme méridional est l'alchimiste Ge Hong, qui nous a laissé un traité en deux parties, intitulé *Bao pu zi*. Il était originaire de l'actuel Jiang su et l'on montre encore près de Hang zhou (dans la province de Zhe jiang), sur une colline qui do-

1. Cf. Feng Jun shi, *Édition annotée des biographies de Sun En et de Lu Xun, contenues dans le livre des Jin (Jin shu Sun En Lu Xun zhuan jian deng)*, Pékin, 1963.

mine le Lac de l'Ouest, le petit ermitage, où, selon la tradition, il se serait retiré pour faire ses expériences. La première section du traité concerne la recherche de l'élixir d'immortalité et la transmutation du cinabre, la deuxième traite de philosophie[1].

Il faut mentionner enfin l'attitude « rationaliste » de certains auteurs qui, en ces temps d'insécurité et de bouleversements sociaux, cherchent à restreindre la place que les mentalités sont tentées de laisser à l'imaginaire. Le plus célèbre fut Fan Zhen qui publia, en 507, un *Traité sur la disparition de l'esprit (Shen mie lun)* ; aux bouddhistes, qui admettaient l'existence d'une individualité psychique indépendamment de la forme matérielle, il objectait le raisonnement suivant : « L'esprit est à la forme, ce que le tranchant est à la lame ; quand la lame a disparu, comment parler de tranchant ? Quand la forme a disparu, comment l'esprit subsisterait-il ? »

4. **Un centre urbain : Jian kang.** – L'installation d'une dynastie impériale dans la région du bas Yang zi et la croissance de la ville de Jian kang (sur le site de l'actuelle Nankin) sont des phénomènes lourds de conséquences. Les régions du Sud, qui, depuis la disparition de l'État de Chu, au IIIe siècle AE, ignoraient ce qu'est une capitale, allaient à nouveau connaître les avantages d'une vie urbaine et même d'une vie de cour. Dès le IIIe siècle EC, les Sun sont attirés par le site : un groupe de collines, en région de plaine, qui permettent de se fortifier et surtout de contrôler la navigation sur le Yang zi, qui coule juste au nord. Au sud du lac Xuan wu, ils font tracer une vaste ville de plan rectangulaire, avec une enceinte de 10 km de pourtour. Le palais était situé dans le nord de la ville et l'eau du lac avait été détournée pour venir l'arroser. Sous les Jin, puis les Song, on construisit des palais et des temples aux alentours. L'agglomération comptait alors 280 000 familles, soit plus d'un million d'habitants.

1. Des fragments du *Bao pu zi* ont été traduits en allemand par E. Feifel, in *Monumenta serica*, 1941 (p. 113-221), 1944 (p. 1-33) et 1946 (p. 1-32).

Jian kang était un centre culturel important et le palais attirait toute une pléiade d'artistes, d'hommes de lettres et de savants. Parmi les artistes il faut citer le calligraphe Wang Xi zhi et le peintre Gu Kai zhi, dont le British Museum conserve un rouleau célèbre : *Conseils de la monitrice aux dames du palais* (sans doute une copie). Si certains poètes (Tao Yuan ming, Xie Ling yun) préfèrent chanter la nature (poésie dite « paysagiste »[1]), d'autres trouvent à la cour leur inspiration ; ainsi apparaît un nouveau genre, le « style de palais » *(gong ti)*, consacré à la beauté féminine et qui, parfois, n'évite pas l'érotisme. On cherche à codifier la littérature et les premiers ouvrages théoriques apparaissent, au début du VIe siècle ; le prince Xiao Tong compose la première anthologie, le *Wen xuan*. Dans le domaine scientifique, il faut mentionner le savant Zu Chong zhi (429-500), qui corrigea le calendrier, calcula une valeur très approchée de *pi* et construisit plusieurs machines, des bateaux à aube et un « char qui montre le Sud » *(zhi nan che)* ; l'axe des roues du char était relié à un système d'engrenages qui permettait à une figurine, placée au sommet, de garder toujours le bras tendu vers la même direction, quelle que soit celle suivie par la voiture ; si, au départ, on plaçait ce bras en direction du sud, la figurine gardait par la suite cette position.

1. Cf. D. Holzman, *Landscape Appreciation in Ancient and Early Medieval China : The Birth of Landscape Poetry,* Hsin Chu (Taiwan), 1996.

Chapitre III

UN TEMPS D'UNIFICATION (VIIe-Xe siècle)

Du VIIe au Xe siècle, l'histoire de l'Ancien Monde est dominée par un phénomène nouveau, l'expansion de l'islam. Autour de la région des isthmes, notre Moyen-Orient, s'organise un réseau commercial et culturel, qui s'étend du sud de l'Espagne au Khorassan, et jusqu'aux confins du monde noir et du monde indien. L'Extrême-Occident s'éveille peu à peu et connaît une résurgence de l'idée impériale (Charlemagne en 800, Othon en 962). En Inde, l'unification réalisée par les Gupta se brise (mort de Harsavardhana en 647) ; en Asie du Sud-Est, se forme l'Empire de Sri Vijaya ; en Asie centrale, l'Empire des Ouïgours succède à celui des Turcs orientaux.

Durant le même temps, la Chine connaît une nouvelle unification. Les terres chinoises, que quatre siècles de fragmentation politique ont profondément diversifiées, économiquement, culturellement, linguistiquement, vont se retrouver pour un temps, sous une même autorité. Le processus de nivellement inauguré par Qin shi Huang di va reprendre. Le souvenir de l'ancien Empire sera d'ailleurs vif chez les nouveaux dirigeants, qui emprunteront mainte technique de gouvernement à leurs prédécesseurs Han et tâcheront de renouer avec ce glorieux passé.

Centres anciens et centres nouveaux. – La capitale de l'Empire va se trouver de nouveau située dans la région de la Wei et du moyen Fleuve jaune, à Chang an, puis à Luo yang, sur des sites très voisins de ceux qu'avaient occupés les capitales des Han occidentaux et orientaux. Comme au temps de l'empereur Wu di des Han, la défense de la frontière du Nord, l'extension de l'Empire en direction de l'Asie centrale d'une

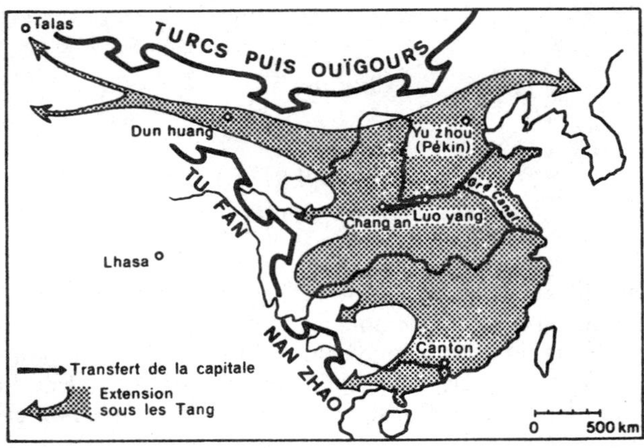

Fig. 4. — Un temps d'unification

part, de la Corée de l'autre, le contrôle de la route du Gan su et de celle qui mène à Yu zhou (act. Pékin) figureront au nombre des objectifs essentiels de la cour. Pourtant, les circonstances ont changé ; aux anciens centres de Chang an et de Luo yang, sont venus s'ajouter les nouveaux centres de la vallée du Yang zi. Les productions de ces régions neuves, notamment les céréales, sont désormais nécessaires à la survie des vieux centres consommateurs du Nord. Il ne peut y avoir unité que dans la mesure où les uns et les autres sont maintenus en rapport, dans la mesure où le contact reste constant à travers les vallées de la Han et de la Huai, et par-delà les collines du Sud, avec Yang cheng (act. Canton), dont le commerce maritime est en plein essor.

Le problème de la terre. – Selon un chiffre officiel, la population du nouvel Empire s'élevait en 754 à 52 880 488 individus ; pour l'immense majorité, le problème essentiel restait celui de la terre. L'autorité centrale aimerait à pouvoir faire respecter l'antique principe, selon lequel « sous le ciel, chaque parcelle du sol appartient au souverain »[1] ; elle distribue les terres libres, également et à titre viager, entre les paysans en âge de travailler ; ceux-ci sont tenus en échange de verser à l'État un impôt personnel en nature ou sous forme de corvée. Deux phénomènes cependant viennent assez vite compromettre l'application de ce système.

Comme au cours des siècles précédents, les cultivateurs émigrent vers les régions vierges du Sud. Le sinologue anglais E. G. Pulleyblank a calculé que les provinces du Nord (act. Shan xi, Shân xi, He bei, He nan et Shan dong) qui comprenaient, en 609, 73,5 % de la population enregistrée dans l'Empire, n'en comprenait plus que 53 % en 742 ; parallèlement, la population des provinces du Sud passait de 12 % à 34,2 % ; la seule province du Si chuan voyait le nombre de ses habitants augmenter de deux fois et demie. L'autorité centrale perdait le contrôle de la plupart de ces émigrés et voyait avec inquiétude se dépeupler les régions du Nord, qui, proches de la capitale, constituaient pour elle une base économique de première importance. Autre phénomène dissolvant, lié d'ailleurs étroitement à l'émigration paysanne : la formation des grands domaines privés *(zhuang yuan)*. La plupart de ces domaines appartenaient à des membres de la famille impériale, à de grands fonctionnaires, à des communautés bouddhiques. Les nouveaux propriétaires s'arrogeaient assez vite les droits éminents que l'État aurait voulu en principe conserver. Devant ce processus, qui, à long terme, constituait un danger pour l'unité, le pouvoir central était d'autant plus désarmé que ses représentants en étaient les principaux bénéficiaires.

On voit ainsi se préciser les deux obstacles auxquels l'autorité centrale va se heurter : *les mouvements paysans* d'une part, les jacqueries dont les chefs recruteront aisément dans la masse des cultivateurs appauvris (au début du VIIe siècle, soulèvements dans les actuelles provinces de Shan dong et He bei ; de 875 à 879, soulèvement de Huang Chao, à travers tout l'Em-

1. Cf. cet autre texte, tiré du *Livre des rites*, et cité dans le *Code des Tang* (XII, art. 14) : « Les terres ne sont pas à vendre. »

pire) ; *l'opposition des grandes familles provinciales* d'autre part, les révoltes armées des militaires et des fonctionnaires locaux, qui chercheront à échapper au contrôle de la capitale et à retrouver leur ancienne autonomie (soulèvement de An Lu shan en 755 ; effritement définitif à partir du IXe siècle)[1].

La croissance du réseau commercial. – L'unification du VIIe siècle se trouve correspondre à un grand développement du commerce intérieur. Les échanges commerciaux, qui n'avaient jamais cessé au cours de la période de division politique, s'intensifient avec l'unification. Les marchands, bien que peu considérés selon l'idéologie confucéenne (remise en honneur vers cette même époque), deviennent toujours plus nombreux et plus puissants. On assiste à un phénomène très important, le développement d'une économie monétaire. L'État ne parvient pas à fournir la quantité de numéraire nécessaire aux échanges ; il doit à plusieurs reprises, recourir à la dévaluation, tandis que les usagers recourent au faux-monnayage. Les impôts sont prélevés en monnaie et non plus en nature. Les commerçants se regroupent pour former des associations, que l'on a pu appeler des « proto-banques » ; ces associations émettent des certificats de dépôt, qui circulent ensuite à la façon des billets de banque.

La lettre de change fait aussi son apparition. On l'appelle *fei qian* (mot à mot : « argent volant »). Le principe était le suivant. Les marchands des provinces du Sud réalisaient à la capitale d'importants bénéfices (grâce à la vente du thé notamment), tandis que les fonctionnaires provinciaux étaient tenus d'acheminer jusqu'au trésor central le montant des impôts, localement prélevés. Le marchand déposait donc le produit de ses ventes, à Chang an, entre les mains d'un représentant de

1. Signalons encore d'autres facteurs, propres à désunir cette société complexe : les rivalités qui opposent entre elles les grandes familles (clans « de l'Est des passes », qui soutiennent l'impératrice Wu Ze tian, contre clans « de l'Ouest », c'est-à-dire région de Luo yang contre région de Chang an), hostilité des vieilles familles à l'égard des « hommes nouveaux », frais émoulus des examens impériaux.

l'autorité locale qui lui établissait un reçu et se servait de l'argent pour s'acquitter auprès du trésor. De retour dans sa province, le marchand allait présenter le reçu au fonctionnaire local qui le remboursait avec le produit des impôts. Ainsi, le numéraire pouvait ne pas circuler. Notons au passage que de semblables innovations, essentielles sur le plan économique, ne furent pas sans importance non plus sur le plan des mentalités ; l'apparition d'une économie monétaire et celle d'une monnaie fiduciaire furent à l'origine d'une nouvelle conception de la notion de valeur.

I. – La prépondérance du Nord (580 - c. 750)

1. **Les étapes de la réunification.** – La réunification fut le fait du Nord. Elle fut réalisée une première fois par le descendant d'une puissante famille du Shân xi, Yang Jian. Après avoir triomphé des Zhou du Nord (successeurs des Wei du Nord), celui-ci fonda la nouvelle dynastie Sui et prit le titre de Wen di. En 588, il envoie 500 000 hommes à la reconquête du Sud ; en 589, ses armées passent le Yang zi et entrent à Jian kang (Nankin). Son fils et successeur, Yang di, ne parvint pas à avoir raison des rébellions et des jacqueries qui s'allumaient à l'Est, et c'est une nouvelle famille, originaire de l'Ouest, celle des Li[1], qui, en 618, prit le pouvoir. Li Yuan, gouverneur de Tai yuan, marcha sur Chang an, triompha de ses concurrents et fonda la dynastie Tang. C'est sous son fils et successeur, Li Shi min (titre posthume : Tai zong), que l'unification commença à porter ses fruits (627-650)[2]. Après lui, l'Empire connut durant un siècle une période de paix intérieure et d'indéniable prospérité (sous le règne de l'impératrice Wu Ze tian, de 690 à 705, et surtout au cours des premières années du règne de l'empereur Xuan zong, commencé en 713).

1. Depuis le IVe siècle au moins, les Li étaient établis au Gan su et nombre de leurs femmes étaient d'origine turque.
2. Pour le détail des intrigues et des combats qui portèrent Li Shi min au pouvoir, voir C.-P. Fitzgerald, *Li Che-min, unificateur de la Chine, 600 à 649*, Paris, Payot, 1935.

2. **La réorganisation de l'Empire.** – Signalons tout d'abord trois importantes mesures d'ordre économique : le creusement du Grand Canal, la promulgation d'un statut agraire, l'unification de la monnaie.

En 605, Yang di, le deuxième empereur Sui, ordonna le creusement d'un canal qui devait relier au Fleuve jaune la région du bas Yang zi, mettre en relation plus directe les zones riches en céréales du Sud aux centres consommateurs du Nord et renforcer l'unité du pays. Les chalands partaient de Yang zhou et suivaient le canal impérial jusqu'à son confluent avec le Fleuve jaune (à He yin) ; de là, ils gagnaient Luo yang (par un canal spécial), ou remontaient le Fleuve en direction de Chang an (on évitait les rapides des passes de San men, en halant les esquifs sur la rive). Le canal fut restauré sous les Tang, et son cours modifié, mais il resta l'artère vitale qu'il avait été sous les Sui, le symbole de l'unité[1].

En 624, fut promulgué un statut agraire, inspiré du système des Wei, qui réglait théoriquement la répartition des terres pour tout l'Empire. Chaque individu masculin âgé de 18 à 60 ans devait recevoir 100 *mu* de terre (soit un peu plus de 6 ha, si l'on donne au *mu* sa valeur actuelle, qui est 1/15 d'hectare) ; 80 de ces *mu* étaient destinés à la culture des céréales et devaient être rétrocédés à l'État, lorsque la limite d'âge était atteinte ; les 20 autres *mu* devaient être plantés de mûriers (pour l'élevage du ver à soie) et pouvaient être transmis par héritage. On redistribuait tous les trois ans les terres qui revenaient à l'État[2]. Les paysans qui, en principe, se trouvaient ainsi identiquement lotis, étaient tous soumis à une même redevance qui se présentait sous trois formes : taxe en céréales *(zu)*, taxe en étoffe, soie ou chanvre *(diao)*, corvée annuelle dont il était possible de s'exempter par la remise d'une autre quantité d'étoffe *(yong)*.

1. Le nom de l'ingénieur chargé des travaux, Yu Wen kai, est resté célèbre dans l'histoire de Chine.

2. Ce système de « champs égalisés » *(jun tian)* était en fait plus complexe ; son interprétation ne va pas sans difficultés ; voir l'étude de D. C. Twitchett, *Financial administration under the T'ang dynasty*, Cambridge, 1963.

Nous sommes mieux renseignés sur la théorie du système de répartition que sur son application effective[1]. Pourtant, il est sûr que les troubles récents avaient rendu libres d'importantes superficies et dans plusieurs régions où la densité de la population était encore faible, il est vraisemblable que l'on distribua selon ce système les terres vierges susceptibles de défrichement.

Les Sui avaient une première fois procédé à l'unification de la monnaie. En 621, les Tang déclarèrent la frappe privilège exclusif de l'État et installèrent un atelier central à Chang an et cinq ateliers provinciaux, à Luo yang, Tai yuan, Yu zhou (act. Pékin), Cheng du et Gui lin (dans l'act. Guang xi). La nouvelle monnaie était exclusivement de cuivre. Elle permit pour un temps d'assainir les échanges.

L'administration fut réorganisée. L'Empire fut divisé en dix « provinces » *(dao)*, dont certaines préfiguraient les provinces d'aujourd'hui. L'empereur était assisté d'un conseil privé et d'une secrétairerie d'État, qui contrôlait les six ministères (ministères des Fonctionnaires, des Finances, des Rites, de la Guerre, de la Justice, des Travaux publics). Sous les Sui déjà, mais surtout à partir de 630, on remit en vigueur le système des examens, abandonné depuis les Han. On recruta ainsi tout un nouveau corps de fonctionnaires. On entreprit un grand travail de codification, et en 653 un groupe de juristes publia le célèbre *Tang lü shu yi*, code pénal qui, joint aux *ling* ou « règlements », qui l'accompagnent et le complètent, constitue une des meilleures sources que nous ayons sur la société des Tang[2].

3. **L'extension de l'espace.** – Aux frontières du Nord, les Chinois reprennent l'offensive et, renouant avec la politique de l'empereur Wu di des Han, cherchent à gagner du terrain en

1. Si les textes juridiques sont relativement abondants, les documents sont rares qui nous renseignent sur les applications ; certains documents trouvés à Dun huang permettent néanmoins d'affirmer que le système était en vigueur au Gan su, vers 690 (cf. Twitchett, *op. cit.*, p. 6 à 9).

2. Beaucoup de ses éléments toutefois sont conservés des codes antérieurs ; cf. K. Bünger, *Quellen zur Rechtsgeschichte der T'ang-zeit,* Pékin, 1946.

direction de l'Asie centrale et de la Corée. Le danger turc s'amenuise ; la puissante unité qui s'était formée au cours de la période précédente éclate : Turcs occidentaux d'une part, Turcs orientaux de l'autre[1]. Après de multiples efforts, à la fois diplomatiques et militaires, les Sui puis les Tang parviennent à réduire l'opposition des Turcs orientaux et à s'avancer jusque dans la région du Tarim. Par les oasis, les échanges reprennent avec l'Occident et les caravanes suivent à nouveau la route de la soie ; le centre à la fois commerçant et religieux de Dun huang (à l'ouest du Gan su) connaît alors une grande activité. Nous sommes bien renseignés sur cette route septentrionale, grâce au récit que le pèlerin chinois Xuan zang nous a laissé du voyage qu'il entreprit vers 627 et qui le mena, à travers l'Asie centrale, jusqu'en Inde, à la recherche des hauts lieux du bouddhisme[2].

Vers le même moment, le Tibet connaît un premier essor. Le roi Songtsen Gampo (en translitération : Srong-btsan sgam-po) parvient à réunir sous son autorité une partie notable du plateau tibétain et demande à épouser une princesse chinoise. On lui envoie de Chang an la belle Wen cheng *Gong zhu* et avec cette princesse, arrivent à Lhasa plusieurs éléments de la culture chinoise (élevage du ver à soie, techniques agricoles, orchestres)[3]. Pour un temps, les rapports sont bons entre Lhasa et la cour des Tang ; plusieurs jeunes nobles tibétains vont à Chang an étudier le chinois et les textes classiques[4].

Les Sui puis les Tang lancent à plusieurs reprises (en 598, 611, 645) des expéditions contre la Corée. Toutes échouent lamentablement et les Chinois ne peuvent guère dépasser Yu

1. Cf. É. Chavannes, *Documents sur les T'ou-kiue occidentaux,* Saint-Pétersbourg, 1903.

2. Il ne rentra en Chine qu'en 645 ; le récit de son voyage, source de grande valeur sur l'Asie centrale et les Indes, a été traduit en français par St. Julien, *Mémoires sur les contrées occidentales*, Paris, 1857-1858.

3. On se plaît aujourd'hui, en Chine populaire, à souligner l'importance de ce mariage, témoignage ancien d'une alliance entre les Han et les Tibétains ; on en a même fait le thème d'un opéra à grand spectacle.

4. Au même moment, les Tibétains subissaient également l'influence de l'Inde, à qui ils empruntaient le bouddhisme et l'écriture (en les adaptant) ; Songtsen Gampo épousa aussi une princesse népalaise.

zhou[1]. Ces échecs militaires n'empêchent point cependant des échanges actifs avec la Corée et surtout avec le Japon qui vit alors une ère de « sinisation » intensive. Le plan de la nouvelle capitale, Nara, s'inspire de celui de Chang an et les principes d'administration, les règlements chinois, sont copiés, parfois à la lettre, par les souverains nippons.

Aux frontières du Sud, les progrès sont moins nets. Les Sui envoient à deux reprises une flotte vers les îles « Liu qiu » (Ryu kyu et sans doute Formose). Les Tang se contentent d'[illegible] contrôle sur la province méridionale du Ling nan, [illegible] du Viêt-nam fait alors partie. Ils sont en bons [illegible] l'État autonome de Nan zhao (act. Yun nan), [illegible]rs un essor remarquable[2].

[illegible]II. – Les difficultés du Nord, [illegible]'essor du Sud (c. 750 - 960)

[illegible]s du Nord. – *a) Les années terribles (751-76[illegible]* [illegible]ieu du VIIIe siècle, l'Empire des Tang travers[illegible] [illegible]cile. Les forces centrifuges, les régionalismes [illegible] fois de plus[3] et les garnisons du Nord-Est se ré[illegible] d'un général d'origine turque, naguère encor[illegible] [illegible]ereur Xuan zong, An Lu shan[4]. En 755, les reb[illegible] maîtres de Chang an et la cour s'enfuit en tout[illegible] [illegible]er réfugier au Si chuan[5]. L'ordre n'est

1. C'es[illegible] des plus anciens temples de Pékin, le Fa yuan si, fu[illegible] [illegible]eur Tai zong pour commémorer le sacrifice de ses sold[illegible] campagne de Corée.

2. C'est [illegible]fédéré, dont le centre est à Kun ming ; il est dirigé pa[illegible] [illegible]ocale, de langue et de culture originales, partiellement [illegible] les membres paraissent être les ancêtres des Yi actuel[illegible]

3. Faut-il [illegible], avec J. Needham, une conséquence du déclin des ouvrages hydrauliques ?

4. Sur cette révolte, voir surtout E. G. Pulleyblank, *The Background of the Rebellion of An Lu-shan*, Londres, 1955.

5. C'est au cours de cette fuite que se place un célèbre épisode, repris plus tard par maint poète, celui de la mort de la belle Yang *Gui fei*, la favorite de l'empereur ; accusée par les soldats de l'escorte, d'avoir jadis soutenu le parti d'An Lu shan, elle se pend pour apaiser leur colère.

pas rétabli avant 766, et jusqu'à la fin de la dynastie les empereurs auront sans cesse à se méfier des gouverneurs provinciaux, toujours tentés de se rendre indépendants.

Autre source de difficultés : la turbulence des populations marginales qui se rebellent contre l'autorité des Tang. C'est en Asie centrale que le danger se fait le plus pressant. En 745, les Ouïgours, d'origine turque et convertis au manichéisme, reconstituent une confédération puissante, tandis qu'une nouvelle force apparaît à l'ouest : les musulmans. Ceux-ci remportent en 751 une éclatante victoire sur les armées chinoises, sur la rive du fleuve Talas (au nord du mont Tian shan, act. en territoire kazakh). Ce coup d'arrêt à l'expansion Tang est un fait lourd de conséquences ; il est à l'origine de la lente islamisation du Tarim, terre naguère bouddhisée[1]. De leur côté, les Tibétains rompent l'alliance dont Songtsen Gampo avait été l'initiateur et menacent la route de la soie. En 763, ils s'avancent jusqu'à Chang an qu'ils dévastent. Au sud-ouest, les troupes du Nan zhao repoussent victorieusement une armée chinoise qui s'apprêtait à envahir (751).

b) La réaction du pouvoir central. – Rébellions et défaites militaires ont pour effet de ruiner le trésor, de dévaster d'importantes régions de l'Empire, de désorganiser le réseau intérieur. Le système de la répartition égale des champs devient inapplicable (impossibilité de tenir à jour les registres) ; le système de l'impôt direct par tête, qui lui était lié, fournit des sommes de plus en plus faibles. Les communications avec le Sud deviennent difficiles, la monnaie est insuffisante. Ajoutons que la capitale est en ruines. Devant cette situation alarmante[2], les grands fonctionnaires du pouvoir central vont mettre au point de nouvelles techniques de gouvernement.

1. Ce sont des prisonniers chinois, capturés au Talas, qui transmirent en Occident la technique du papier.

2. On trouve chez certains poètes contemporains (surtout Bai Ju yi et Du Fu) les échos de cette crise générale ; chez l'un, c'est le retour mélancolique dans Chang an dévastée, chez l'autre, c'est le contraste criant entre la misère des pauvres et le luxe des riches :

Derrière les portes de laque rouge, les viandes et les vins pourrissent,
Sur les chemins, gisent les carcasses de ceux qui sont morts de froid...

On va avoir recours à un nouvel impôt direct (« la taxe double », *liang shui*), frappant non plus les individus mais les terres et tenant compte, dans une certaine mesure, de la diversité régionale (édit de 780) ; cet impôt était partiellement levé en monnaie de cuivre, une nouveauté qui est une preuve des progrès de l'économie monétaire. Parallèlement, on reprend une vieille idée qui avait eu cours dès les Han, et l'on adjoint à cet impôt direct un impôt indirect, frappant essentiellement le sel et, accessoirement, le thé et les boissons alcoolisées. La nouvelle administration de la gabelle prit bientôt une grande expansion ; elle contrôlait les régions productrices, les côtes, les marais du Shân xi, les puits du Si chuan, et revendait le sel aux marchands à un prix environ dix fois supérieur au prix de revient. On eut également recours à la dévaluation de la monnaie. Des travaux furent entrepris le long du Grand Canal, afin de faciliter l'arrivée des céréales ; la cour prit l'habitude de séjourner plus souvent à Luo yang et finit par s'y établir définitivement ; ainsi, les chalands n'avaient plus à franchir les passes de San men, sur le Fleuve jaune, ce qui permettait de réduire sensiblement le prix du transport.

C'est dans ce contexte de difficultés économiques et de réformes administratives qu'il convient de replacer les mesures « anti-bouddhiques » qui furent prises vers la fin de la période et plus spécialement en 845. Les congrégations bouddhiques comptaient toujours au nombre des privilégiés de l'Empire (grands domaines formés avec les dons des fidèles, exemptions de taxes et de service militaire). Ces privilégiés étaient aussi parmi les plus vulnérables. Ce n'est donc point un souci de persécution religieuse mais une nécessité matérielle qui poussa la cour à frapper un clergé régulier que naguère elle couvrait d'honneurs. On sécularisa un grand nombre de moines et de nonnes, on confisqua les terres des monastères, on fondit les statues et les cloches de cuivre, afin d'en faire des pièces de monnaie et d'augmenter ainsi la quantité de numéraire en circulation.

c) Vers la partition. – Toutes ces mesures n'eurent cependant qu'un effet dilatoire. Certaines même, impôt sur le sel, sécularisation des moines, ne firent qu'aviver les mécontentements. Une armée se mutina dans le Sud et se dirigea vers le Nord en semant le désordre sur son passage ; les paysans se soulevèrent dans les régions des actuelles provinces de Zhe jiang, Jiang su et He bei (868). En 875, un lettré originaire du He nan, qui avait échoué aux examens impériaux, Huang Chao, prit la tête de la révolte. Ses troupes parcoururent l'Empire en tous sens, poussant jusqu'à Fu zhou et Canton, revenant par Gui lin et la vallée du moyen Yang zi ; elles s'emparèrent de Luo yang puis de Chang an (881)[1]. Finalement, Huang Chao fut acculé au suicide (884), mais il n'était plus question pour les Tang de rétablir l'unité. Le dernier représentant de la dynastie fut détrôné en 907 par un chef de bande, d'origine paysanne, Zhu Quan zhong, qui fonda une nouvelle dynastie, celle des Liang postérieurs. À cette date toutefois, les provinces du Sud, du Si chuan au Jiang su, avaient déjà fait sécession et ce n'est guère que la Chine du Nord qui reconnut l'autorité des cinq dynasties éphémères, qui, jusqu'en 960, se succédèrent sur le trône impérial[2].

C'est alors que, profitant du désordre intérieur, les peuples de la steppe vont, une fois de plus, faire sentir leur présence. Les Turcs et les Ouïgours, qui depuis plus d'un siècle ont pris l'habitude d'intervenir dans les affaires chinoises[3], rentrent en scène. C'est un Turc sinisé qui, en 936, fonde la dynastie des Jin postérieurs. Son règne est marqué par deux faits importants qui annoncent l'évolution ultérieure ; il ordonne le transfert de la capitale à Bian jing (act. Kai feng), afin de faciliter le ravitaillement (937) ; il abandonne aux nomades Khitans, qui menacent au nord-est, la région de l'actuelle ville de Pékin,

1. Comme en 755, la cour chercha refuge au Si chuan, une des rares provinces restées à l'écart des troubles.

2. Dans l'ordre chronologique : Liang postérieurs, Tang postérieurs, Jin postérieurs, Han postérieurs, Zhou postérieurs ; bien que ces dynasties n'aient régné que sur un fragment de l'Empire, elles ont été considérées comme seules légitimes par les annalistes qui désignent la période 907-960 du nom de période des Cinq Dynasties (Wu dai).

3. Dès 756, les Tang avaient fait appel à eux pour venir à bout de la révolte de An Lu shan.

dont ils feront bientôt une base de départ pour de plus grandes ambitions.

2. **L'essor du Sud.** – La plupart de nos sources viennent des milieux lettrés du Nord ; aussi, sommes-nous relativement mal renseignés sur la situation des provinces du Sud. Il ne fait guère de doute néanmoins que l'essor, commencé sous les dynasties du Sud, s'est poursuivi. La première raison de cet essor doit être cherchée dans l'immigration constante de contingents nordiques. Nous avons vu quel attrait les terres vierges, les mines, les centres commerçants du Sud exerçaient sur les populations de la région du Fleuve jaune, qui préféraient échapper au contrôle tatillon des fonctionnaires officiels et aller chercher ailleurs l'aventure et peut-être la fortune. Outre la force de leurs bras, les nouveaux venus apportaient avec eux les techniques septentrionales. Il faut aussi souligner le rôle des fonctionnaires locaux qui souvent ressentaient leur affectation dans le Sud comme un exil, mais n'en accomplissaient pas moins leur mission civilisatrice[1].

Autre facteur non négligeable de cet essor, le développement du grand commerce maritime. Si certains pèlerins se rendirent en Inde par l'Asie centrale, comme Xuan zang, d'autres montèrent à bord de vaisseaux marchands, tel Yi jing, qui nous a laissé le récit de son voyage (fin du VIIe siècle). Nous savons par les sources arabes que les monnaies chinoises se rencontraient sur les rives du golfe Persique, vers la fin du IXe siècle[2] ; d'autre part, les textes chinois déplorent que la monnaie de cuivre s'écoule à l'extérieur de l'Empire et nous apprennent que l'on interdisait son transport en direction de Canton[3]. C'est dire que ce commerce devait avoir une certaine

1. Parmi les plus illustres, mentionnons le philosophe Han Yu, exilé au Guang dong et son ami, Liu Zong yuan, exilé au Guang xi.

2. « On trouve ces pièces à Siraf ; elles portent des mots écrits en chinois » (Reinaud, *Relation des voyages faits par les Arabes et les Persans dans l'Inde et à la Chine*, Paris, 1845, t. I, p. 73).

3. Un édit de 809 interdit le transport au-delà des monts Ling nan (au nord de Canton) ; cf. D. C. Twitchett, *Financial administration*, p. 79.

ampleur. Une autre route a pu jouer également un rôle de stimulant, celle qui, à travers l'État de Nan zhao (act. Yun nan), reliait la Chine du Sud à l'Inde[1].

Les principaux centres étaient les suivants : 1) La région du bas Yang zi, essentielle en raison de ses récoltes de céréales ; c'est là que sont réussies les premières porcelaines et qu'au Xe siècle on met au point l'impression xylographique ; 2) La région de l'actuel Si chuan, dont la population augmente avec une grande rapidité ; les principales ressources commercialisables sont le sel gemme (obtenu par forage de puits) et le thé, dont la mode se répand alors en Chine ; 3) La région de Canton qui est mise en rapport direct avec le Nord, par le creusement d'un canal, reliant la Rivière des perles au Xiang jiang (825) ; les colonies de marchands étrangers étaient nombreuses dans le port, et selon un texte arabe[2], les soldats de Huang Chao auraient, lors du sac de la ville, en 878, massacré « 120 000 Musulmans, Juifs, Chrétiens et Mages » ; le texte précise que l'on sait le nombre de ces personnes avec précision, parce que « le gouvernement chinois prélevait sur elles un impôt d'après leur nombre ». On sait également qu'il existe une mosquée à Canton depuis le VIIIe siècle.

Lorsque, au début du Xe siècle, le Sud se rendra indépendant du Nord, il se fractionnera tout naturellement, selon des frontières politiques qui refléteront en grande partie ces entités économiques[3]. La prospérité de certains de ces petits royaumes apparaît manifeste lorsqu'on voit la richesse des sépultures qui furent aménagées pour leurs princes[4].

1. Cf. P. Pelliot, « Deux itinéraires de Chine en Inde », in *BEFEO*, 1904.
2. Cf. Reinaud, *op. cit.*, t. I, p. 64.
3. En 939, le Viêt-nam, qui avait jusqu'alors fait partie de l'Empire, acquiert l'indépendance ; à la différence des autres provinces méridionales, il saura la conserver.
4. Le service archéologique a récemment fouillé trois tombes royales du Xe siècle : celle d'un roi de Shu (dans la banlieue de Cheng du, au Si chuan) et celles de deux souverains de la dynastie des Tang méridionaux (au sud de Nankin).

III. – Une floraison culturelle

La culture chinoise atteignit sous les Tang un de ses sommets ; on a pu parler d'« âge d'or ». Seule, il est vrai, la cour des kalifes de Bagdad pouvait alors, par son luxe et son raffinement, rivaliser avec celle de Chang an.

1. **Influences d'Asie centrale.** – L'extension de l'Empire au nord-est eut pour conséquence immédiate de mettre la Chine en contact direct avec la région du Tarim, dont les oasis jouaient depuis longtemps déjà un rôle de relais culturel. À partir du VIIe siècle, cette plaque tournante connaît une effervescence toute particulière. Le long des routes qui, depuis l'Inde et le Moyen-Orient, viennent y confluer, circulent non plus seulement les pèlerins bouddhistes et les Manichéens, mais encore les Nestoriens et les Musulmans. Chacune de ces religions sera représentée dans la Chine des Tang. Des centres manichéens sont créés à Chang an, au Hu bei, à Nankin, au Zhe jiang ; une mosquée est fondée à Chang an[1], ainsi qu'une chapelle nestorienne, comme l'atteste la célèbre « stèle de Si An Fou », érigée en 781 et découverte au XVIIe siècle[2]. Avec ces religions arrivent de nouvelles musiques[3], de nouveaux décors, de nouvelles formes de pensée ; les esprits sont attirés par ce qui vient d'Occident, et dans cette attirance le goût de l'exotisme n'est pas toujours absent[4].

1. La stèle de fondation que l'on voit aujourd'hui porte la date de 742 ; il semble que ce doit être une réplique d'époque Ming, mais l'ancienneté de la mosquée ne fait pas de doute.

2. Cette stèle fut retrouvée près de Xi an, nom moderne de Chang an, d'où son nom ; les Jésuites, qui espéraient alors la conversion des Chinois, donnèrent à cette découverte une grande publicité ; cf. H. Havret, La stèle chrétienne de Si Ngan Fou, *Variétés sinologiques*, n° 7, Shang hai, 1895.

3. Sous les Tang, la musique connaît un grand essor et profite de tous ces contacts ; des orchestres venus d'Asie centrale ou du pays des Pyus (act. Birmanie) arrivent à Chang an ; inversement, les Tang envoient des instruments chinois aux souverains du Tibet et du Nan zhao.

4. Sur cet « exotisme », voir E. H. Schafer, *The golden peaches of Samarkand, a study of T'ang exotics*, Berkeley et Los Angeles, Univ. of California Press, 1963 ; du même auteur, sur l'exotisme méridional : *The Vermilion Bird, T'ang images of the South*, Berkeley, 1967.

2. **Un centre urbain : Chang an.** – On a pu évaluer la population de la capitale Tang à un million d'habitants. La ville occupait un vaste rectangle de 9,7 km sur 8,6 km, au sud-est du site de la capitale des Han. Elle était entourée d'un rempart en terre battue et comprenait trois parties : au nord, le palais et la ville impériale ; au sud, la ville proprement dite. Cette dernière était sillonnée par onze avenues, dans le sens est-ouest, et quatorze, dans le sens nord-sud, toutes se coupant régulièrement à angle droit. Chacun des cent huit quartiers ainsi définis était à son tour défendu par un rempart, percé de deux ou quatre portes, toutes fermées à la tombée de la nuit. Les zones les plus animées étaient, outre la grande artère nord-sud qui divisait la ville en deux moitiés égales, les marchés de l'est et de l'ouest, où résident les marchands étrangers[1]. On estime que la ville comptait plus d'une centaine de temples importants.

Au nord de la ville, un parc immense, réservé à l'empereur, s'étendait jusqu'au bord de la rivière Wei. C'est là que se trouvait un deuxième palais, le Da ming gong, qui finit par devenir la résidence permanente des empereurs. Il avait été construit en 634 et se composait d'une trentaine de vastes édifices indépendants, dispersés au milieu des jardins. Le plus spacieux (77,6 m sur 130,4 m) était couvert par une toiture qui reposait sur 164 colonnes. Dans un coin du parc, on avait aménagé un terrain de polo (jeu importé d'Occident, d'Iran probablement), dont la stèle de fondation a été retrouvée. Sur la rive nord de la Wei, se trouvait la nécropole impériale ; chaque empereur s'y faisait construire, de son vivant, un tumulus, précédé d'une allée que bordait une longue file d'animaux et de personnages, taillés dans la pierre[2].

Les objets récemment révélés par les fouilles (miroirs en métal poli, vaisselle en vermeil, magnifiques aiguilles à cheveux en filigrane d'or) permettent de se faire une idée du luxe de la

1. On a retrouvé sur le site du marché de l'ouest des monnaies byzantines, sassanides et arabes.

2. On connaît les six bas-reliefs, souvent reproduits, figurant les coursiers de Li Shi min et provenant de son tombeau ; quatre se trouvent au musée de Xi an, les deux autres sont à Philadelphie.

cour, de même que les statuettes funéraires, retrouvées dans les sépultures des environs, donnent une idée de la foule bariolée qui se pressait dans la ville et au palais : joueurs de polo brandissant leur long maillet, danseuses et musiciens, dames d'atour au pied petit (la mode des pieds bandés commence à se répandre alors), serviteurs au bonnet pointu et palefreniers aux larges bottes, dressés près de leur cheval ou de leur chameau, abondamment barbus et affublés d'un nez exagérément busqué, signes incontestables de leur origine occidentale.

3. **Les milieux bouddhistes.** – Autres centres culturels importants, les monastères bouddhiques. Comme au cours des siècles précédents, le bouddhisme est à la source d'un art original : décorations murales des grottes de Dun huang (au Gan su), statuaire de Long men (où l'impératrice Wu Ze tian fait sculpter un Bouddha géant de 17 m de haut), peintures de grands maîtres, comme Wu Dao zi (dont les œuvres sont connues à présent par des copies plus récentes). L'étude des grands textes du canon bouddhique se poursuit. De retour à Chang an, Xuan zang occupe les dernières années de sa vie à traduire du sanskrit en chinois les sutras qu'il a rapportés d'Inde. Grâce à ces traductions, la réflexion métaphysique peut se faire plus subtile et gagner en profondeur.

On discute des divers moyens d'atteindre la délivrance et plusieurs tendances se précisent[1]. L'une d'elles fait peu de cas des bonnes œuvres et récuse toute progression lente, difficile, graduelle, vers la sainteté ; c'est celle du « quiétisme chinois », du *Chan* (sanskrit : *dhyana*, « méditation »). Les disputes doctrinales sont fréquentes avec ceux qui en tiennent pour le principe de la rétribution des œuvres, bonnes ou mauvaises. En 792-794, se tient au Tibet un important concile, dont nous avons, par bonheur, conservé les débats[2]. Des moines chinois y défendent le principe de la « voie subite », contre des moines

1. Cf. Kuo Li-ying, *Confession et contrition dans le bouddhisme chinois du Ve au Xe siècle,* Paris, Publ. de l'EFEO, 1994.
2. Cf. P. Demiéville, *Le concile de Lhasa*, Paris, Imprimerie de France, 1952.

indiens, partisans de la « voie graduelle ». Les Chinois sont finalement battus et contraints de se retirer.

D'une façon générale, l'influence du bouddhisme, et de l'Inde, se fait sentir dans bien des domaines, dans les pratiques commerciales, dans le code notamment. Le taoïsme emprunte peut-être au yoga certaines de ses techniques respiratoires, et, à coup sûr, au bouddhisme, la notion d'enfers et de rétribution des actes. Dans un autre domaine, l'étude du sanskrit, nécessaire à la compréhension des textes originaux, est à l'origine d'une réflexion féconde sur le langage : devant cette écriture phonétique et cette grammaire flexionnelle, les Chinois vont s'interroger sur leurs idéogrammes et leur propre grammaire.

4. **Les milieux lettrés.** – En rétablissant le système des examens, Tai zong avait remis en honneur l'étude des classiques confucéens. La morale qui s'en dégageait allait servir à cimenter les rangs de la classe des « fonctionnaires-lettrés ». Ceux-ci étaient pour beaucoup issus des familles riches de propriétaires fonciers, les seules en vérité, susceptibles de payer à leurs enfants les études nécessaires. Après son succès aux examens impériaux, le lauréat obtenait un poste dans l'administration locale ; il allait de ville en ville, au hasard des mutations, gardant toujours le secret espoir d'être affecté à la capitale et d'y remplir quelque charge enviée, celle de censeur par exemple. Dans chaque nouveau poste, il se regroupait avec ses semblables et formait avec eux un petit cercle d'amis, unis par la même culture littéraire et parlant la même langue[1]. Il reprenait volontiers à son compte l'idéal de l'honnête homme, tel que l'avait défini Confucius, ainsi que le principe, conservateur, d'une société où les lois, destinées au commun, ne pouvaient frapper l'élite chargée de les faire respecter. Certains extrémistes, tel

1. Un groupe de lettrés, sous la direction de Luo Fa yan, compilent un dictionnaire qui tend à établir, sans doute d'après la prononciation en usage à la capitale, Chang an, une prononciation « standard » ; il est à penser que le va-et-vient des fonctionnaires contribua à une certaine uniformisation ; cf. H. Maspero, « Le dialecte de Tch'ang-Ngan sous les Tang », in *BEFEO*, 1920.

Han Yu, estimaient que seules les idées confucéennes devaient avoir cours et partaient en guerre contre le bouddhisme, auquel l'empereur paraissait faire trop de concessions.

À l'instar de leurs prédécesseurs de l'époque Han, les lettrés Tang s'occupent à compiler de gros ouvrages d'érudition : histoires des dynasties du Nord et du Sud, manuels de politique, destinés aux candidats aux examens, encyclopédies, comme le *Tong dian* (rédigé par Du You). Parallèlement à ces travaux sérieux, le milieu lettré développe une littérature de délassement ; deux genres sont à l'honneur, le conte et la poésie. Les contes, rédigés en prose et généralement assez brefs, sont d'inspiration très variée[1] : il y a des contes moraux, des anecdotes historiques, des histoires d'amour (avec certaines tendances féministes), des contes fantastiques (thème du lettré qui s'éprend d'une jolie fille, qui en fait est une renarde métamorphosée pour sa perte). Tous sont de précieux documents pour l'étude de la mentalité des lettrés. La poésie chinoise atteint alors un de ses sommets ; les poètes chantent tantôt leur émotion personnelle, beauté d'un paysage, joies de l'amitié, plaisir de l'ivresse, vanité du monde, tantôt la société qu'ils ont sous les yeux, misère du peuple, abus des riches. À côté de trois grands noms, Li Bo, Du fu et Bai Ju yi, c'est toute une pléiade d'auteurs qu'il faudrait citer[2].

Proche de la poésie par bien des points, apparaît une peinture nouvelle ; l'un de ses principaux créateurs est Wang Wei, dont on disait que les poèmes étaient autant de peintures et les peintures autant de poèmes. Il peignait essentiellement des paysages, plus imaginaires que réels, qu'il traitait en noir et blanc, de façon impressionniste. Il n'en reste à présent que des copies mais c'est là qu'il faut chercher l'origine d'une tradition que l'on retrouvera florissante sous les Song.

1. Ils ont été révélés à la critique moderne par les manuscrits de Dun huang ; cf. A. Waley, *Ballads and Stories from Tun-huang*, Londres, 1960.

2. Pour une présentation des principaux poètes Tang, voir M. Kaltenmark, Littérature chinoise, in *Encyclopédie de la Pléiade, Histoire des Littératures*, Paris, 1956, t. I, p. 1209 et s.

5. **Activités scientifiques.** – On a pu dire (J. Needham) que la culture des Tang fut « plus humaniste que scientifique ». Certains progrès sont à dater néanmoins de cette époque. En 624, l'empereur crée une sorte d'ordre des médecins avec un grand maître et deux assistants ; il encourage la rédaction de grandes encyclopédies médicales et organise un enseignement spécialisé. Le médecin Sun Si miao est resté célèbre par les traités où il affirme ses talents de pharmacologue, d'ophtalmologue et d'acupuncteur. Dès cette époque, on sait plomber les dents avec une « pâte d'argent » et placer des prothèses oculaires en bois[1]. Au début du VIIIe siècle, l'astronome Yi xing entreprend de mesurer un arc du méridien et envoie une expédition géodésique qui couvre 2 500 km en ligne droite depuis l'Indochine jusqu'à la Mongolie. La cartographie profite des connaissances nouvelles obtenues par les voyageurs ; en 801, Jia tan publie un recueil de cartes, le *Hai nei hua yi tu*. C'est au IXe siècle enfin que l'imprimerie fait son apparition ; on l'utilise d'abord pour la reproduction d'images et de textes bouddhiques mais ses progrès sont rapides et le studio des lettrés va pouvoir se doubler d'un élément indispensable : la bibliothèque.

1. Cf. P. Huard et Ming Wong, *La médecine chinoise*, coll. « Que sais-je ? », Paris, PUF, 2e éd., 1969, p. 35 et 45.

Chapitre IV

NORD CONTRE SUD
(fin Xe - milieu XIVe siècle)

Du Xe au XIIIe siècle, l'islam, dont les succès ont dominé l'histoire des trois siècles précédents, connaît un destin divers selon les horizons : stabilisation en Méditerranée, face à une Europe, qui peu à peu s'éveille (croisades) ; progrès en Inde du Nord et au Turkestan (conversion des Turcs). Au XIIIe siècle, le centre de gravité se trouve reporté en Asie centrale, d'où les Mongols se lancent à la conquête du plus grand Empire jamais conçu ; ils iront jusqu'en Europe orientale, jusqu'à Bagdad, jusqu'à Delhi, jusqu'à Pékin. Dans l'Asie sud-orientale, s'épanouissent successivement l'Empire des Tchola (Inde du Sud, Xe-XIe siècles), la royauté d'Angkor (Cambodge, IXe-XIIIe siècles), puis l'Empire de Madjapahit (Java, XIIIe-XVe siècles).

Durant cette même période, deux dynasties se succèdent en Chine, celle des Song (960-1279), puis celle des Yuan (1279-1368). Ainsi le veut du moins l'histoire traditionnelle. Mais qu'on y prête bien attention, il s'agit cette fois d'une « succession » d'un genre nouveau. Rien de comparable au remplacement des Qin par les Han ou à celui des Sui par les Tang. Le cadre dans lequel s'établissait la nouvelle dynastie ne changeait guère, ni l'espace sur lequel s'instaurait son autorité ; cette fois-ci, le changement politique recouvre une réalité économique et sociale plus complexe.

Changements sociaux. – Du XIe au XIIIe siècle, la vieille société chinoise connaît une profonde transformation[1]. « Entre

1. Pour tout ce paragraphe, voir J. Gernet, *La vie quotidienne en Chine à la veille de l'invasion mongole*, Paris, Hachette, 1959.

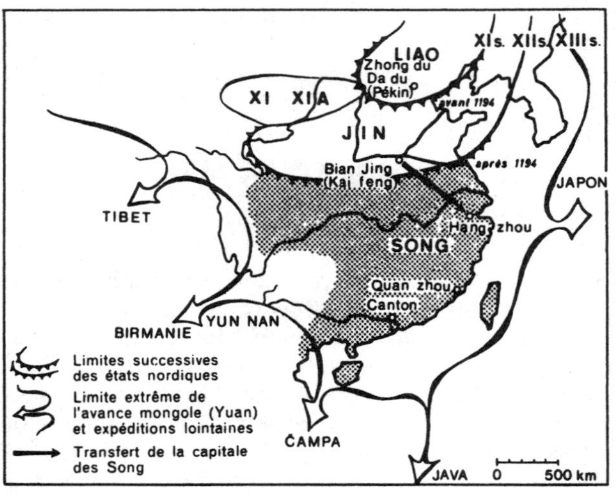

Fig. 5. — Nord contre Sud

l'élite dirigeante et la masse des gens du peuple, une classe très diversifiée mais très active est apparue et s'est fait place peu à peu : celle des marchands » (J. Gernet). Nous avons vu leurs groupes se former, leur puissance grandir, au fur et à mesure que l'espace chinois s'unifiait et que s'établissait un vaste marché intérieur. La distinction ancienne, confucéenne, entre l'administré et le fonctionnaire, tend à rejeter ces hommes nouveaux du côté du peuple, mais leurs richesses les rapprochent en même temps du pouvoir et les compromissions sont nombreuses entre le monde du commerce et l'ancienne classe des lettrés. Les villes chinoises subissent naturellement le contrecoup de cette évolution. Elles augmentent dans des proportions considérables (Hang zhou notamment, qui passe de 500 000 habitants, vers 1170, à 1 million, en 1275). Les marchés, les demeures bourgeoises, les quartiers de distractions se multiplient autour du vieux centre administratif. Il faut noter cependant que ce centre administratif, siège de l'autorité impériale, subsistera toujours. Les marchands n'y exerceront jamais un contrôle direct, à la différence des bourgeois d'Europe, qui, au même moment, en Italie ou dans les Flandres, organisent leurs « communes ».

Un nouveau centre de gravité. – L'importance des centres du bas Yang zi est désormais telle que le pouvoir politique va venir s'y installer. La capitale quitte les anciens centres du moyen Fleuve jaune (autour desquels l'unité politique s'était faite depuis Qin shi Huang di) ; elle sera plus au sud, à proximité des centres qui, nés sous les dynasties du Sud, ont grandi sous les Tang. La cour était déjà passée de Chang an à Luo yang, puis de Luo yang à Bian jing (Kai feng) ; elle va maintenant s'établir à Hang zhou (dans l'act. Zhe jiang). Ce transfert s'accompagne d'une certaine évolution des mœurs et des esprits ; les paysages verdoyants, le climat plus chaud de ces régions méridionales ne sont pas sans influer sur le genre de vie et les créations artistiques. La sobriété, la rudesse de la civilisation Tang s'atténuent quelque peu et laissent souvent place à une certaine douceur de vivre.

Unité chinoise et danger nordique. – Un pareil transfert n'avait été rendu possible que par le lent phénomène de sinisation, qui, depuis plusieurs siècles, se poursuivait au sud du Yang zi. Les provinces méridionales, jadis « barbares », ont désormais l'impression d'appartenir à la même culture, de faire partie du même tout. Après la période des Cinq Dynasties, il ne sera plus question, dans le Sud, de fragmentation, ni de séparatisme. Le premier empereur des Song, Zhao Kuang yin, lui-même originaire du He bei, réunifie l'Empire presque sans coup férir et les princes locaux font leur soumission sans combattre.

Les difficultés ne viendront plus guère des régions sinisées, qui ont accepté le principe de la centralisation impériale ; elles viendront des régions marginales et tout spécialement de la frontière du Nord, où de grands États non chinois se constituent et cherchent à gagner du terrain en direction du Sud. Ils enlèvent aux Chinois plusieurs provinces septentrionales, coupent la « route de la soie » qui menait aux oasis d'Asie centrale et font peser, durant plus de deux siècles, une menace constante sur les régions méridionales. L'un de ces États finira par triompher et par occuper définitivement la totalité de l'espace chinois.

I. – La prépondérance du Sud (960 - c. 1270)

1. **La poids de la steppe.** – *a) Les événements.* – La chronologie de cette « poussée » des peuples du Nord vers le Sud se présente comme suit. Ce sont d'abord les Khitans qui tentent de franchir la frontière du Nord-Est (régions de Mandchourie, Jehol, Mongolie intérieure). Ils battent les armées des Song près de Chang ping (au nord de l'act. Pékin) et fondent la dynastie des Liao, sur le modèle d'une dynastie chinoise. Un traité fixe la frontière en 1004 ; il est entendu que les Song paieront un tribut annuel pour avoir la paix. À l'ouest, les Xi xia s'installent en 1038 sur la boucle du Fleuve jaune et interceptent la route d'Asie centrale ; leur royaume ne disparaîtra qu'en 1227, sous les coups des Mongols.

Le danger se fait à nouveau sentir à partir de 1115, lorsque les Djurtchets, anciens vassaux des Liao, prennent le pouvoir et forcent les derniers Khitans à s'enfuir vers l'ouest[1]. Ils fondent la nouvelle dynastie des Jin. Plus combatifs que leurs anciens maîtres, ils recommencent aussitôt les hostilités avec les Song, assiègent et prennent Bian jing (Kai feng), où ils capturent l'empereur et s'emparent d'un gros butin (1125). Un prince de la famille des Zhao parvient à se réfugier à Hang zhou, où il s'installe, et la frontière s'établit, pour un siècle et demi, entre le Fleuve jaune et le Yang zi. Les provinces perdues n'ont guère d'intérêt pour la société du bas Yang zi et la nouvelle dynastie des Song du Sud (Nan Song), prenant son

1. Ceux-ci s'établiront sur les bords de l'Ili et seront connus sous le nom de Kara-kitaï.

parti de la réduction de l'Empire, préfère payer tribut que continuer les hostilités[1].

Cependant, les Jin doivent céder devant un nouvel adversaire : les Mongols, à qui Gengis Khan vient de donner une impulsion irrésistible (début du XIIIe siècle). Ceux-ci ont bientôt raison de la résistance des Djurtchets (1234), fondent en 1271 la dynastie des Yuan et prennent Hang zhou en 1276. Le dernier prétendant Song périt trois ans plus tard dans le port de Canton, où il avait cherché à se réfugier. 1004, 1125, 1276 : trois dates qui jalonnent le retrait progressif, puis la disparition de l'Empire chinois des Song.

b) Les sociétés nordiques. – Cette avancée progressive des peuples nordiques est un des faits marquants de cette période. Une des raisons doit sans doute en être cherchée en Chine même ; l'essor du Sud s'était fait peu à peu au détriment du Nord, qui devenait une zone de moindre résistance. Mais il faut également en chercher l'explication dans l'histoire interne des peuples envahisseurs ; celle-ci reste encore malheureusement imprécise.

Tout au plus peut-on supposer, en se fondant sur quelques témoignages linguistiques, l'origine ethnique de ces nouveaux venus. La langue des Khitans peut être considérée comme protomongole, « en ce sens que les mots qui en subsistent se présentent sous des formes beaucoup moins évoluées que ce qui nous est connu du mongol du XIIIe siècle » (L. Hambis)[2]. Les Djurtchets représentent une branche des Toungouses, complexe ethnique d'où sortiront, au XVIIe siècle, les Mandchous, fondateurs de l'ultime dynastie des Qing. Les Xi xia, ou Tangoutes, étaient apparentés aux Tibétains, plus spécialement aux Qiang qui, au VIIIe siècle, nomadisaient à la frontière de l'Est. Au contact des populations sinisées, qui se trouvent sous leur autorité, ces divers groupes se sédentarisent partiellement

1. En 1141, le général Yue Fei, partisan de la guerre et vainqueur des khitans en de multiples rencontres, est mis à mort à l'instigation du parti des pacifistes ; il sera réhabilité et considéré par la suite comme un héros national.

2. Il est probable qu'il faille les rapprocher des Xian bei.

et empruntent beaucoup, tout en conservant leur originalité. Comparées à la culture chinoise qui, au même moment, s'épanouit au sud du Yang zi, leurs civilisations peuvent paraître moins évoluées ; il ne faudrait pas pourtant les considérer comme barbares.

Le royaume des Xi xia comprenait vingt-deux provinces, échelonnées en bordure du Fleuve jaune ; la capitale était Ning xia. Les princes, qui se donnaient le titre d'empereur, contrôlaient le commerce d'Asie centrale et stimulaient l'agriculture (irrigation dans la boucle du Fleuve). Le pays exportait du sel gemme et des objets en fer (armures célèbres). Une écriture Xi xia avait été mise au point, à partir des idéogrammes chinois[1]. Un canon bouddhique en Xi xia fut imprimé dans le pays même.

On a retrouvé en Mandchourie et dans l'Est de la Mongolie intérieure les restes de villes entières et plusieurs pagodes bouddhiques construites sous les Liao et les Jin. Des équipes d'ouvriers avaient été regroupées dans des ateliers urbains et le tissage – notamment celui de la soie – était très développé. Comme les Xi xia, Khitans et Djurtchets avaient mis au point des écritures originales, à partir de l'écriture chinoise ; mais il ne reste que quelques rares inscriptions, difficilement déchiffrables. Sous les Liao et les Jin, la région du Nord-Est prend peu à peu une importance qu'elle saura garder par la suite ; les Yuan, puis les Ming auront leur capitale là même où ces deux dynasties avaient eu l'une des leurs, à Pékin.

2. **Une économie en devenir.** – *a) Évolution démographique.* – Bien qu'en certains endroits les hostilités aient été fréquentes, des régions entières restaient à l'écart, échappant aux massacres et aux pillages. Cet état de paix partielle permit un accroissement notable de la population : 90 millions en 1083, plus de 100 millions (exactement 20 882 258 familles) en 1124,

1. En 1909, l'explorateur russe P. K. Kozlov découvrit à Khara Khoto (aux confins du Gan su et de la Mongolie) bon nombre de textes en Xi xia et en chinois, avec des lexiques sino-Xi xia.

à la veille de l'invasion Jin. Après l'amputation des provinces du Nord, l'Empire des Song du Sud comptait encore plus de 60 millions d'habitants, soit près des deux tiers du total[1]. L'offensive des Nordiques entraîne un déséquilibre encore plus net, en accélérant considérablement le nombre des départs vers le Sud. La cour, les fonctionnaires, les lettrés s'installent, tant bien que mal, dans les villes du bas Yang zi, peu préparées à les recevoir, tandis que les paysans continuent à chercher toujours plus au sud de nouvelles terres vierges. On rapporte généralement à cette période l'arrivée au Guang xi et au Guang dong des populations dites Hakka (*Ke jia* en prononciation pékinoise, ce qui signifie « familles venues du dehors »). Venues du Nord, elles se seraient implantées alors dans un milieu très différent de leur pays d'origine, et auraient conservé jusqu'à nos jours leur dialecte et leur originalité[2]. Certains auraient plutôt tendance aujourd'hui à considérer ces Hakka comme des autochtones sinisés qui se seraient forgé le mythe d'une origine nordique...

b) Essor du commerce. – Le cours du Yang zi peut être remonté jusqu'aux riches plaines du Si chuan et les plaines basses, voisines de son embouchure, sont sillonnées d'un lacis de canaux qui facilite considérablement les transports ; d'autre part, la côte rocheuse des provinces méridionales offre de nombreuses rades, favorables au cabotage, comme au trafic de haute mer. Les marchands chinois trouvaient là d'excellentes conditions naturelles. Ils surent y ajouter des avantages d'un autre ordre, l'usage des effets de commerce et, dès la fin du XIIe siècle, celui de la boussole.

Ce qu'il faut souligner, c'est l'importance du contrôle exercé par l'État. C'est lui qui a le privilège de toutes les émissions de

1. Sous les Han de l'Ouest, ce territoire n'était habité que par le dixième de la population totale de l'Empire ; chiffres calculés par Zhang Jia ju, *Le transfert au Sud du centre de gravité économique sous les Song (Liang Song jing ji zhong xin de nan yi)*, Wu han, 1957, p. 31.

2. À mettre en rapport avec cette arrivée massive de Han dans le Sud, le soulèvement des populations Zhuang qui, vers 1050, parvinrent à organiser un État autonome ; leur chef, Nong Zhi gao, tint Canton assiégée durant cinquante jours.

monnaie ou de billets de banque, lui qui a le monopole de certains produits de grande consommation, comme le thé et le sel. Il influe donc notablement dans l'organisation du commerce intérieur et extérieur, et cela d'autant plus qu'il s'est délibérément orienté vers des formes d'imposition indirecte (taxes commerciales, régies). Les marchands travaillent en étroite liaison avec lui, reçoivent ses commandes et trouvent leur intérêt dans un système qui leur donne une garantie officielle. Ce contrôle étatique est sans doute une des raisons qui les ont empêchés d'évoluer, à la façon des marchands d'Occident, en une bourgeoisie indépendante.

La route d'Asie centrale étant coupée, l'essentiel du commerce extérieur se fait par mer. La Chine exporte des soieries, des métaux précieux, des porcelaines et des céramiques (certains fours du Fu jian sont spécialisés dans les produits d'exportation) ; on a retrouvé des céramiques et des monnaies d'époque Song tout autour de l'océan Indien, non seulement à Java et en Inde, mais à Zanzibar, et jusqu'aux environs du Caire. En échange, elle importe des bois précieux, des parfums, des épices, des perles, des ivoires. Nombreux étaient les commerçants étrangers qui venaient en Chine : musulmans d'Inde ou de Perse[1], juifs[2], mais nombreux aussi les Chinois qui prenaient la mer en direction du Sud. Ce commerce était généralement déficitaire pour l'Empire, aussi l'État interdisait-il l'exportation des sapèques et tâchait de s'en tenir à un système d'échanges en nature, système que l'on traduit parfois, mais sans doute à tort, par système du « tribut » (*gong* en chinois).

1. C'est de la bouche de certains d'entre eux que Zhao Ru gua obtint les renseignements qui lui permirent de rédiger, en 1225, son *Rapport complet sur les étrangers (Zhu fan zhi)* ; trad. en anglais par F. Hirth et W. W. Rockhill, *Chau Ju-kua, his work on the Chinese and Arab trade in the twelfth and thirteenth centuries, entitled Chu-fan-chi*, Pétersbourg, 1911 ; rééd. Amsterdam, Oriental Press, 1966.

2. Une stèle, datée 1489, jadis déposée dans la synagogue de Kai feng, rapporte que soixante-dix familles juives vinrent s'installer dans la ville sous les Song ; elles venaient d'Inde et portaient avec elles des cotonnades ; c'est le plus ancien témoignage que nous ayons sur la présence des Juifs en Chine. Cf. D. D. Leslie, *The Survival of the Chinese Jews*, Leyde, Brill, 1972.

c) Problèmes agraires. – Il semble qu'au début de la période, au temps où les Song contrôlaient encore le Nord, l'agriculture ait fait certains progrès. Les textes signalent l'extension des espaces cultivés : drainage dans les régions du bas Yang zi (création de champs protégés par des digues, ou *wei tian*), aménagement de champs en terrasses au Fu jian et au Jiang xi. On note aussi l'apparition ou l'extension de nouvelles espèces : importation du riz précoce du Champa (État hindouisé d'Indochine, situé dans le Sud de l'actuel Viêt-nam), déplacement vers le Nord du riz, qui était resté cantonné jusque-là dans le Sud, et du coton[1], développement considérable de la culture du thé à partir du Si chuan et du Fu jian.

Pourtant, il ne faut pas oublier que le « développement des villes n'a pu se faire qu'au détriment des campagnes » (J. Gernet). L'administration impériale prélève ses impôts, les riches citadins reçoivent les revenus des terres qu'ils achètent à proximité des agglomérations. Ce sont les paysans qui, en dernière analyse, supportent le poids de cette évolution et font les frais de cet essor. Le pouvoir central ne cherche point à entraver la formation des grands domaines et comme le tribut énorme qu'il doit verser aux Liao, puis aux Jin, vide très régulièrement le trésor, il lui faut recourir à une augmentation des impôts. Les paysans réagissent et les annales signalent des jacqueries ; c'est le soulèvement dirigé par Wang Xiao po, au Si chuan (en 993, sous les Song du Nord), ceux dirigés par Song Jiang, au Shan dong[2], et par Fang La, au Fu jian[3] (en 1121-1122, juste avant la chute de Bian jing).

d) À la recherche d'une politique. – Ces transformations économiques et sociales entraînent tout naturellement un renou-

1. L'introduction du coton est liée traditionnellement à l'histoire de Huang Dao po (XIIIe siècle) ; native de Song jiang (au Zhe jiang), cette femme aurait appris la technique du coton, lors d'un séjour forcé parmi les indigènes de l'île de Hai nan ; à son retour, elle l'aurait transmise aux Chinois du bas Yang zi.

2. Sous les Ming, le soulèvement de Song jiang deviendra le thème d'un roman célèbre, *Les bords de l'eau (Shui hu)*.

3. Fang La s'appuyait sur des sociétés secrètes d'inspiration manichéiste.

veau de la pensée politique et, comme l'État est dirigiste, c'est à la cour, autour de l'empereur, que l'on trouve les théoriciens. Ils font assaut d'arguments, avec une ardeur qui rappelle celle des penseurs des Royaumes combattants. Ils se groupent en factions, que parfois ne séparent que de simples questions de personnes. Bien que la réalité ait été plus complexe, on peut schématiser, en opposant deux tendances principales ; d'une part, les « conservateurs », de l'autre les « réformistes ». Au XIe siècle, les premiers se rangeaient derrière l'historien Si ma Guang. Sous couleur de rester fidèles à la pensée confucéenne (retour à l'ordre antique, « laisser faire la vertu du prince »), ils cherchaient à maintenir le *statu quo*, qui était éminemment favorable à la classe des lettrés-fonctionnaires. Les « réformistes » souhaitaient renouer en général avec l'autoritarisme des anciens légistes et proposaient de réduire les privilèges excessifs, qui compromettaient l'équilibre et l'existence même de l'Empire.

Le plus célèbre d'entre eux fut sans doute Wang An shi (1021-1086). Ses réformes furent mises en vigueur à plusieurs reprises, sous les empereurs Shen zong et Zhi zong, dans la deuxième moitié du XIe siècle. Un de ses principes était d'améliorer la condition des paysans, afin de permettre une meilleure rentrée des impôts : « Si la production est faible, le peuple est pauvre ; si le peuple est pauvre, l'État l'est aussi. » Pour atteindre ce but, il proposait notamment de vendre sur place les grains destinés à l'impôt (au lieu de les acheminer vers les greniers de la capitale), de prêter au moment des semailles des grains aux paysans, grains qui seraient rendus après la récolte avec un faible intérêt, d'instituer des monts-de-piété gérés par l'État, de réévaluer les fortunes et les terres, afin de permettre une meilleure répartition des impôts[1]. Ces réformes se heurtèrent au mauvais vouloir des fonctionnaires, chargés de les mettre en vigueur ; ils étaient les premiers à profiter de l'état de choses existant.

1. Afin de prévenir les jacqueries, Wang An shi remit en vigueur le système de la responsabilité collective ; les paysans étaient repartis en groupe avec un chef responsable (système dit *bao jia*).

3. **Une civilisation urbaine.** – *a) Un centre urbain : Hang zhou.* – Le franciscain Odoric de Pordenone, qui visita Hang zhou au début du XIVe siècle, décrit la ville en ces termes : « C'est la plus grande ville qui soit au monde. On lui prête cent milles de tour, et à l'intérieur de ce grand pourtour, il n'est pas un espace laissé libre et qui ne soit habité par de nombreuses gens. Les maisons y sont innombrables ; dans chacune vivent parfois dix ménages et plus... » Rappelons qu'à cette époque la population devait atteindre le million d'habitants.

La ville s'étirait du nord au sud, en bordure du fameux Lac de l'Ouest. Les maisons, dont beaucoup étaient à plusieurs étages, étaient desservies par tout un réseau de canaux et de rues dont la plus belle, la voie impériale, avait 5 km de long et 60 m de large. Au sud de la ville, se trouvaient le palais impérial et, à proximité, sur la Colline des phénix, le quartier où les riches marchands avaient leurs demeures. Marco Polo, qui fut à Hang zhou, vers la fin du XIIIe siècle, parle ainsi des marchés : « Il y a dix principaux marchés... ; sur la rive d'un canal, sont bâties de grandes maisons en pierre dans lesquelles les marchands de l'Inde et d'autres pays descendent avec leurs bagages et marchandises... ; trois jours par semaine, se tient un marché qui est fréquenté par 40 ou 50 000 personnes, apportant là tout ce qu'on peut désirer pour la consommation. » On a évalué la consommation quotidienne de riz à 250 t environ[1]. L'exemple de Hang zhou est particulièrement bien connu, mais d'autres villes, comme Bian jing (avant le sac de 1125) ou Su zhou, connaissent alors une grande prospérité.

b) Les marchands. – La nouvelle classe des marchands adopte un genre de vie original. Leurs demeures comprennent généralement deux parties, les salles réservées à la vie publique où le maître reçoit ses clients et invite ses amis, et, par-derrière, les appartements privés, où se tiennent les femmes (la polygamie est répandue chez les riches) ; tout à côté des bâtiments,

1. Sur Hang zhou sous les Song, voir surtout J. Gernet, *La vie quotidienne en Chine à la veille de l'invasion mongole*, Paris, Hachette, 1959, p. 21 et s.

on a aménagé un petit jardin, sorte de microcosme, où sont regroupés, sur des collines artificielles ou près des eaux dormantes d'un étang, des minéraux aux formes bizarres, des arbres et des fleurs, des animaux[1]. L'amateur de paysages peut méditer à loisir dans cette nature domestiquée, qui, à chaque pas, lui offre matière à nouvelle rêverie.

Ces riches marchands sont en quête de distractions, et dans chaque ville ils trouvent des quartiers spécialisés dans les divertissements. À Hang zhou, on en comptait une vingtaine au moins. Là, on peut assister à des combats de boxe, à des représentations théâtrales, à des jongleries ; on peut s'arrêter dans un des innombrables salons de thé, pour converser ou jouer aux échecs. Le déroulement des jours est ponctué par une série de fêtes collectives durant lesquelles l'animation de ces quartiers atteint au paroxysme. Ces marchands cherchent aussi des distractions plus intellectuelles. Ils envoient leurs fils dans les écoles qui s'ouvrent alors dans les principaux centres, et ils sont fervents acquéreurs des livres imprimés qui se répandent désormais. Toute une littérature se crée pour ce nouveau public ; le plus souvent, elle est en langue parlée, car les marchands ne sont guère férus de langue classique. Les œuvres de fiction sont nombreuses : contes[2], romans ; le théâtre se développe aussi, mais nous n'en avons quasiment rien conservé. Un nouveau genre apparaît, celui des « simples notes » *(bi ji)* ; ce sont les réflexions désordonnées qu'une lecture ou un voyage peuvent inspirer. L'historien y trouve de précieux renseignements.

c) Le rôle de la cour. – Comme auparavant, la cour joue un rôle de stimulant. C'est pour satisfaire les besoins du marché palatin, que travaillent avant tout les artisans de la soie et de la

1. Les jardins de Su zhou, dont certains datent des Song, sont spécialement célèbres ; ils ont été récemment restaurés ; une des curiosités de ces jardins était formée par les « pierres de lac » *(hu shi)* : des rochers choisis pour leurs formes harmonieuses et déposés pendant plusieurs décennies, dans un lac du voisinage, dont les vagues achevaient lentement le modelé.

2. A. Lévy en a traduit quelques-uns dans son recueil : *L'antre aux fantômes des Collines de l'Ouest*, Paris, Gallimard, 1972.

céramique (les « céladons » d'époque Song sont justement célèbres). C'est à la cour que vivent beaucoup de peintres et de poètes. Le mécénat impérial devient même excessif avec l'empereur Hui zong qui surveille étroitement les membres de son Académie de peinture ; peintre lui-même, il impose les sujets (fleurs, oiseaux) et le style (souci du détail, polychromie) et suscite une peinture « académique », avec tout ce que ce terme peut avoir de limitatif. Les empereurs Song possédaient une très belle collection de peintures dont nous avons conservé le catalogue ; celui-ci comporte plus de 6 000 numéros.

d) Les milieux lettrés. – Nous avons vu quelle place prépondérante les lettrés-fonctionnaires occupent alors dans la société chinoise. Ils profitent des avantages que leur confèrent les charges qu'ils occupent, pour s'enrichir et acquérir des terres ; c'est parmi eux que l'empereur recrute ses conseillers et ce sont eux qui contrôlent l'essentiel de la politique.

L'histoire attire tout spécialement leur attention. Ils étudient le passé de la Chine et cherchent à l'analyser. Ils s'intéressent à la philologie, à l'épigraphie et même à l'archéologie (découverte de vases en bronze d'époque Shang). Outre les histoires officielles, rédigées par ordre impérial (comme l'*Histoire des Tang*, rédigée par Ou yang Xiu), certains lettrés composent, à titre privé, des sommes historiques ; la plus connue est le *Miroir historique* de Si ma Guang, qui traite de l'histoire de Chine, des origines aux Song. Comme sous les Tang, les travaux d'érudition sont à l'honneur, grosses encyclopédies, comme le *Tai ping yu lan* et le *Wen xian tong kao* (parmi bien d'autres).

La pensée de Confucius est très en vogue et c'est alors qu'on lui donne la forme sous laquelle elle sera connue par la suite. La construction la plus originale est celle du philosophe Zhu Xi (1129-1200)[1], que l'on désigne généralement du nom de « système néo-confucianiste ». C'est un retour aux textes « classiques », non seulement aux *Entretiens de Confucius* et au

1. En fait, Zhu Xi ne fut que la figure la plus marquante d'un petit groupe de penseurs.

Mencius (qui, avec deux autres ouvrages de moindre importance, formeront désormais les « Quatre livres », *Si shu*), mais à des textes plus archaïques et plus abscons, comme le *Classique des mutations (Yi jing)*. C'est en même temps une réaction contre les philosophies étrangères (le bouddhisme surtout), que Zhu Xi réprouve tout en en reprenant certains thèmes. L'heure était propice, puisque la route d'Asie centrale étant close, les rapports avec les sources indiennes se trouvaient pour un temps ralentis. Zhu Xi élabore un syncrétisme où il y a place pour une cosmologie et une métaphysique ; il reprend les préceptes moraux des anciens mais cherche à les mettre en rapport avec une théorie raisonnée de l'univers. Son effort[1] resta très discuté de son vivant, mais après sa mort, et surtout à partir du XIVe siècle, son interprétation du confucianisme sera considérée comme la seule orthodoxe.

La poésie et la peinture, qui, sous les Tang, avaient été l'apanage des lettrés, connaissent un grand succès. Le plus illustre des poètes fut Su Shi (ou Su Dong po, 1037-1101) ; il était originaire du Si chuan et sa carrière de fonctionnaire fut une succession de réussites et de disgrâces (il fut exilé dans l'île de Hai nan) ; il renouvela un genre, oublié depuis les Han, en écrivant le *Fu de la Falaise rouge*, mais s'illustra surtout dans des poèmes lyriques, de métrique stricte, qui étaient écrits pour des airs de musique déterminés (les *ci*). Su Shi fut aussi peintre et calligraphe. Parmi les grands peintres, citons Mi Fu (1051-1107), bien représentatif d'un petit groupe d'esthètes hautement raffinés[2]. Il fut également fonctionnaire, mais son franc-parler, son non-conformisme lui attirèrent de la part de ses supérieurs hiérarchiques, et de l'empereur, une certaine animosité. On se demande à présent si les paysages qui lui sont attribués (avec technique des taches d'encre et du

1. J. Needham l'a rapproché de la tentative scolastique de notre Moyen Âge européen ; Zhu Xi meurt en 1200, Thomas d'Aquin naît en 1225.

2. Cf. N. Vandier-Nicolas, *Art et sagesse en Chine, Mi Fou (1051-1107), peintre et connaisseur d'art dans la perspective des lettrés*, Paris, PUF, 1963.

lavis) sont bien de lui, et il nous est plus sûrement connu par les écrits critiques, les traités sur l'art de peindre, qu'il nous a laissés.

e) Progrès scientifiques. – La période des Song est un moment très important de l'histoire des sciences chinoises. Les mathématiques, surtout l'algèbre, font des progrès considérables. L'horloge astronomique, décrite par Su Song, en 1090, constitue l'une des réalisations les plus significatives ; elle prouve que l'horloge mécanique n'est pas, comme on l'a longtemps cru, une invention européenne du XIVe siècle. Parmi les médecins les plus fameux, il faut nommer Song Ci à qui nous devons un traité de médecine légale, le premier du monde. Plusieurs ouvrages de pédiatrie, d'acupuncture, de pharmacopée sont alors rédigés. La vaccination antivariolique est attestée dès 1014. Signalons encore plusieurs traités d'agriculture, d'architecture, d'art militaire. Un des plus grands textes du XIe siècle est le *Recueil des propos de l'étang des rêves (Meng ji bi tan)*, ouvrage éclectique, rédigé par un lettré, Shen Gua, qui avait groupé autour de lui une petite équipe de savants ; cet ouvrage mentionne pour la première fois l'aiguille magnétique, donne la première description que nous ayons de l'imprimerie, fait état de cartes en relief et décrit un certain nombre de fossiles. Les historiens chinois résument aujourd'hui l'effort scientifique des Song, en évoquant « les trois grandes découvertes » : l'imprimerie, la boussole et la poudre.

II. – La Chine dans l'orbite mongole (c. 1270 - 1368)

1. **L'annexion totale du Sud par le Nord.** – La chute de Hang zhou en 1276 marque un tournant important. Non seulement le Sud et le Nord vont se trouver à nouveau réunis, et cette fois sous le contrôle d'un peuple venu du Nord, mais l'espace chinois tout entier va être rattaché pour près d'un siècle à un immense Empire, l'Empire mongol, dont les limites vont de la Mandchourie jusqu'à la Russie, de Canton jusqu'à Basrah.

a) Les Mongols au pouvoir. – La conquête se fit par étapes[1] et les méthodes des conquérants ne restèrent pas identiques. Après les violences de Gengis Khan (tempérées dans une certaine mesure par les conseils de Ye lü Chu cai, un Khitan sinisé qui se fit le défenseur des Chinois) et les luttes intestines qui suivirent sa mort (1229), l'annexion du Sud fut poursuivie de façon plus clairvoyante par les généraux de l'empereur Kubilai, le fondateur de la dynastie des Yuan (1271). Pourtant, s'ils épargnent davantage les campagnes et les villes, les Mongols ne s'en installent pas moins en maîtres partout.

Leurs troupes occupent tous les points stratégiques. De bonnes terres sont confisquées et distribuées aux vainqueurs ; les chevaux sont réquisitionnés. La société est officiellement divisée en quatre groupes : d'abord les Mongols, qui, en toutes choses, sont les privilégiés, en second lieu, les peuples non Han d'Asie centrale (notamment les Ouïgours qui ont été les alliés des Mongols) qui jouissent de certains avantages[2], et enfin les Chinois, ceux du Nord (jadis dépendants des Jin) et ceux du Sud (naguère dépendants des Song du Sud et récemment annexés). Cette distinction vexatoire se retrouve dans tous les domaines, dans le gouvernement central, dans l'administration locale, dans l'armée, dans le code. Les Chinois doivent, en principe[3], se contenter chaque fois d'une position subalterne. À cela s'ajoutent des mesures discriminatoires : interdiction pour les Chinois de porter des armes, d'étudier la langue mongole, couvre-feu.

b) Extension de l'espace et tentatives plus lointaines. – En dépit de la distinction maintenue par les vainqueurs entre Chinois du Nord et Chinois du Sud[4], c'est pourtant une ère

1. Pour le détail des événements, voir Grousset, Auboyer et Buhot, *L'Asie orientale des origines au XVe siècle*, Paris, PUF, 1941, p. 274 à 345.

2. Les textes les désignent du nom de *si mu*, « les variés » et non pas « les gens aux yeux clairs », comme on traduit parfois.

3. Ceci n'est pas la règle absolue ; nous avons l'exemple de riches Chinois qui surent s'entendre avec les vainqueurs et conserver leurs privilèges ; ils prenaient alors généralement un nom mongol.

4. Marco Polo distingue bien dans son récit le Cathay (Chine du Nord) du Mangi (Chine du Sud).

d'unité qui commence. L'Empire est divisé uniformément en provinces, dont les limites, mis à part quelques modifications ultérieures, se sont perpétuées jusqu'au XXe siècle. Les liens avec le Tibet sont resserrés ; le Yun nan, quasiment indépendant depuis les Tang (État de Nan zhao), est rattaché à l'Empire en 1276[1]. L'occupation de la Chine et de ses confins n'est pourtant, pour les Mongols, qu'une étape ; ils entendent s'en servir comme d'un tremplin pour de nouvelles conquêtes.

En 1274, ils lancent une première offensive contre le Japon, puis une deuxième en 1281 ; c'est chaque fois un échec[2]. De 1280 à 1285, ce sont des expéditions contre le Viêtnam et le Champa ; ce sont des échecs ou des succès sans lendemain. Puis c'est, à travers le Yun nan, une grande attaque contre la Birmanie ; les armées avancent jusqu'à Pagan dont elles s'emparent (1287) mais elles ne parviennent pas à se maintenir[3]. En 1292-1293 enfin, une expédition maritime contre Java échoue comme les autres.

Les raisons profondes de la conquête mongole, de son succès en Chine et de ses échecs au Japon et en Asie du Sud-Est, sont encore à l'étude ; elles excèdent de toute façon les limites étroites d'une histoire purement chinoise. Un fait toutefois mérite ici d'être retenu, l'importance de la part prise par les Chinois dans ces tentatives de conquêtes. Le gros des troupes en effet, la totalité des vaisseaux et plusieurs généraux[4] ont été fournis par la Chine. Il est vraisemblable que, si une bonne partie de la société chinoise dut voir dans l'invasion mongole

1. Une petite communauté mongole réside toujours près de Tong hai, au sud du lac Kun ming, vivant témoignage de la mainmise des Mongols sur le Yun nan.

2. En 1281, un ouragan fracassa les vaisseaux et empêcha les envahisseurs de débarquer ; les Japonais gardèrent le souvenir de ce « vent des dieux » *(kami kaze)*, qui vint à leur secours à point nommé.

3. Les expéditions mongoles dans le Nord de l'Indochine sont contemporaines d'un événement gros de conséquences pour l'avenir de la péninsule, le commencement de la migration des peuples Tai en direction du sud.

4. Un exemple : l'expédition de 1292 contre Java était commandée par un Ouïgour (Ike Mise) et par deux Chinois (Shi Pi, originaire du He bei, et Gao Xing, originaire du He nan).

une catastrophe sans précédent, il ne manqua pas d'éléments pour s'en accommoder et tâcher d'en profiter. Un succès au Japon, à Java ou en Birmanie aurait peut-être permis aux marchands chinois de contrôler des routes qui eussent fait leur fortune. L'idée sera reprise, mais plus pacifiquement, au début du XVe siècle.

c) Nouvel ordre économique. – La conquête mongole ouvrait à l'économie chinoise de nouvelles possibilités ; elle rouvrait notamment la route d'Asie centrale, restée fermée sous les Song.

L'essor commercial et urbain que nous avions vu s'amorcer dans la région du bas Yang zi, va continuer et s'amplifier. La conquête a en partie détruit les ressources du Nord, mais elle n'a pas ruiné les centres du Sud ; Hang zhou reste une métropole fréquentée (les Italiens Marco Polo et Odoric de Pordenone, le Maghrébin Ibn Battuta la visitent tour à tour) et les ports du Fu jian profitent du commerce maritime qui se développe ; Quan zhou notamment, où l'on a retrouvé plus d'une centaine de stèles et de bas-reliefs, révélant la présence de communautés étrangères, hindouistes, musulmanes et chrétiennes[1].

Cependant, une nouvelle région est en train de se développer parallèlement, c'est celle de l'actuelle province du He bei. Au Nord-est des ruines de l'ancienne capitale des Jin, Kubilai a fait jeter les fondations géométriques d'une nouvelle cité : en mongol « Khan baliq » (la ville du Khan), en chinois « Da du » (la grande capitale) ; sous les Ming, elle prendra le nom de Pékin. La présence de la cour ranime le commerce. « Il y vient tant de toutes choses, écrit Marco Polo, que c'est sans fin ; il n'est jour en l'an que de soie seulement, il n'entre dans la cité mille charretées. » Les marchands d'Asie centrale

1. Le corpus de ces stèles et bas-reliefs a été publié une première fois par Wu Wen liang, *Inscriptions et sculptures de caractère religieux trouvées à Quan zhou (Quan zhou zong jiao shi ke)*, Pékin, 1957, avec 174 photographies. Voir aussi : Chen Da-sheng et L. Kalus, *Corpus d'inscriptions arabes et persanes en Chine, 1) Province de Fu-jian,* Paris, Geuthner, 1991.

viennent nombreux et un organisme spécial est chargé de s'occuper d'eux, le *wo tuo fu*[1].

Si le réseau et les villes profitent généralement de la nouvelle conjoncture[2], il est moins sûr que les espaces agricoles y trouvent aussi leur compte. À vrai dire, la question est controversée et il ne manque pas d'indices qui pourraient faire croire à une certaine reprise de l'économie agricole, au début tout au moins (organisation de greniers d'État, afin de régulariser la redistribution, parution d'un traité d'agronomie, le *Livre de l'agriculture, Nong shu*, qui décrit des techniques très élaborées). Il semble toutefois que l'autorité centrale cherche surtout à drainer vers les villes les céréales nécessaires à leur survie (restauration de la partie sud du Grand Canal et construction d'un nouveau tronçon permettant de le prolonger jusqu'à Khan baliq). La confiscation de certaines terres au bénéfice des Mongols, ainsi que la formation des grands domaines qui continue comme par le passé, ne peuvent qu'intensifier la misère paysanne. En 1351, le Fleuve jaune déborde, inondant des régions entières et provoquant de terribles famines. Les paysans sont obligés de quitter leurs terres et forment des bandes de déracinés, où les chefs de sociétés secrètes, d'inspiration manichéiste ou millénariste (culte de Maitreya) trouvent une clientèle facile. Des jacqueries éclatent au Fu jian, au Jiang xi, au Hu bei ; le mouvement culmine dans l'insurrection des Turbans rouges *(Hong jin)*, qui enflamme une grande partie du pays et vient à bout de l'autorité des Mongols.

C'est un paysan du An hui, Zhu Yuan zhang, qui, après avoir combattu aux côtés des Turbans rouges, se retourne

1. *Wo tuo* serait une transcription du turc *ortaq*, « associé (dans une affaire commerciale) », cf. Weng Tu chien, « A study of Wo-t'o (ortaq) », in *Yen Ching Journal of Chinese Studies*, Pékin, 1941, p. 201-218.

2. Une preuve en est encore le développement régulier de la monnaie papier. Selon H. Franke, le système fonctionna de façon satisfaisante ; la hausse des prix fut provoquée par d'autres causes et il n'y eut inflation véritable que dans les toutes dernières années de la dynastie ; cf. H. Franke, *Geld und Wirtschaft in China unter der Mongolen-Herrschaft*, Leipzig, 1949.

contre ses anciens alliés, rétablit l'ordre et fonde à son profit la dynastie des Ming[1].

2. **Une civilisation cosmopolite.** – Les historiens chinois sont le plus souvent sans indulgence pour cette dynastie Yuan à qui ils reprochent d'avoir exploité et en quelque sorte paupérisé la Chine. Il ne faudrait pas cependant que le souvenir des bouleversements sociaux qui accompagnèrent sa chute fasse par trop oublier l'essor culturel, qu'elle a rendu possible. Depuis les Tang, en effet, la Chine n'avait plus connu semblable phase de cosmopolitisme créateur.

a) De nouveaux contacts. – La reprise des rapports avec le Tibet eut pour effet de répandre en Chine une forme proprement tibétaine du bouddhisme, le lamaïsme ; des monastères de lamas furent organisés à Khan baliq et leur influence ne cessera de se faire sentir par la suite. La conquête avait mis la Chine en contact avec les autres États mongols de l'Ouest, dont les populations étaient en partie converties à l'islam ; de nombreux musulmans, venus du Turkestan ou d'Iran, arrivèrent en Chine du Nord ; des colonies musulmanes se créèrent jusqu'au Yun nan, où deux mosquées furent bâties en 1274 et 1279[2]. De son côté, la papauté délégua des missionnaires vers l'Asie centrale, à la recherche du royaume mythique du Prêtre Jean[3] ; des prêtres chrétiens parviennent jusque dans la lointaine Chine et, en 1307, Jean de Montecorvino est fait archevêque de Khan baliq. Le Vénitien Marco Polo séjourne en Chine pendant plusieurs années et occupe un poste dans l'administration impériale ; il s'en revint par les mers du Sud, sur un vaisseau qui se rendait en Perse. Son odyssée n'est pas une exception ; d'autres mar-

1. Un spécialiste chinois de la période Ming, Wu Han, a montré que des préoccupations d'ordre manichéiste ont présidé au choix de ce titre dynastique de « Ming », qui signifie « Clarté ».

2. On a désigné, et l'on désigne toujours, les musulmans chinois du nom de Hui (ou Hui hui), qui serait une altération du nom « Ouïgour ».

3. Le souvenir s'était conservé en Occident d'une communauté chrétienne vivant par-delà le monde musulman ; on la plaçait tantôt en Afrique (souvenir des chrétiens d'Éthiopie), tantôt en Asie (souvenir des Nestoriens).

chands occidentaux suivirent la même voie mais n'ont pas, comme lui, consigné leurs souvenirs[1].

b) Un creuset culturel. – Ces influences viennent s'ajouter à celles que les peuples du Nord (Khitans, Djurtchets et Mongols) avaient déjà exercées. Le brassage n'alla pas sans enrichissement pour la Chine. Nombreux les « non-Han » qui se distinguent alors. c'est un Tibétain, le moine Phagspa qui, en 1269, crée une écriture propre à noter la langue mongole. C'est un Népalais, l'architecte A ni ge qui, en 1272, participe aux travaux de restauration du temple du Dagoba blanc, à Khan baliq. C'est un Mongol, Tuo tuo, qui rédige, sur ordre impérial, les histoires officielles des Song, des Liao et des Jin.

De nouvelles techniques sont introduites : technique du cloisonné, du tapis au point noué, de la distillation. Il semble que le grand astronome Guo Shou jing, qui corrigea le calendrier et construisit le nouvel observatoire de Khan baliq, ait eu connaissance des travaux des savants musulmans. Là où l'effet de cet élargissement se fit le mieux sentir, ce fut naturellement en cartographie ; de 1311 à 1320, paraissent les cartes du *Yu tu*, un atlas d'une bonne précision.

Dans les villes, c'est le triomphe du théâtre en langue parlée, qui profite à la fois de l'importance du public urbain et du goût des peuples septentrionaux pour la pantomime. Un des auteurs de livrets les plus célèbres fut Guan Han qing[2] ; ses pièces et celles de ses contemporains sont une source inépuisable pour l'étude de la société de l'époque. Une nouvelle poésie se forme, inspirée du *ci* des Song, le *qu* ; ses rapports sont étroits avec la musique, qu'enrichit l'apport d'instruments étrangers (cithare à archet, guitare à trois cordes).

Dans tout cela, le rôle des lettrés reste réduit. Les Mongols maintiennent le recrutement des fonctionnaires par examens, mais beaucoup des anciens lettrés s'abstiennent, par fidélité à

1. Il n'est pas jusqu'aux Juifs dont les annales mongoles parlent à quelques reprises.

2. Quelques livrets d'époque Yuan ont été traduits par Li Tche-Houa, *Le signe de patience et autres pièces du théâtre des Yuan*, coll. « Connaissance de l'Orient », Paris, Gallimard, 1963.

la dynastie déchue. Ils se retirent dans leur campagne et s'occupent de poésie ou de peinture.

c) Le rayonnement chinois. – Il serait inexact de penser que la Chine ne fit alors que recevoir. Profitant des mêmes routes et des mêmes contacts, sa culture se répandit en Occident. C'est au temps de l'hégémonie mongole que passèrent à l'Ouest les techniques de la poudre et de l'imprimerie. Au XIVe siècle, des ingénieurs chinois sont employés aux travaux d'irrigation de Mésopotamie et, à Tabriz, le savant Rashid ud-Din reçoit des médecins chinois et compose, en 1313, le *Trésor de l'Il Khan sur les sciences du Cathay*[1], qui contribue à faire connaître les découvertes de la science chinoise en Asie occidentale. En 1225, naît à Khan baliq le Nestorien Rabban Çauma qui, suivant en sens inverse l'itinéraire de Marco Polo, parvient jusqu'en Europe et est reçu par Philippe le Bel.

1. Cf. P. Huard et Ming Wong, *La médecine chinoise*, coll. « Que sais-je ? », Paris, PUF, 2e éd., 1969,, p. 57.

Chapitre V

STABILISATION ET HOMOGÉNÉISATION DE L'ESPACE CHINOIS (fin XIVe - milieu XIXe siècle)

Pour la période qui va du XVe au XIXe siècle, nos manuels d'histoire ne traitent pour ainsi dire que d'un phénomène unique, majeur en vérité, l'essor et le triomphe de l'Europe : élaboration d'une société originale (« quattrocento », « réforme », « renaissance »), construction d'un « nouveau monde », par-delà l'Atlantique, et pour finir, effacement progressif des autres civilisations (colonisations). L'évolution parallèle de l'Extrême-Orient nous est bien moins connue ; en ce qui concerne la Chine, cette période « moderne » est une de celles qui, jusqu'à ces derniers temps, a le moins attiré l'attention des chercheurs occidentaux (sauf peut-être en ce qui touche l'art et la littérature).

Les raisons de ce refus sont complexes ; l'une d'elles est à coup sûr le nombre, devenu soudain pléthorique, des documents écrits. Jusqu'aux Yuan, la plupart de nos sources sont imprimées et restent d'une ampleur raisonnable ; sauf exceptions, les manuscrits ont disparu. À partir du XVe siècle, les imprimés abondent et il faut tenir compte des archives, qui, en dépit des incendies et des dispersions, parfois catastrophiques, nous ont été conservées. Le Palais des Archives nationales, aménagé à une trentaine de kilomètres au nord-ouest de Pékin, contient plus de cinq millions de documents, concernant cette période. Les historiens ne font encore qu'aborder les problèmes ; d'où une difficulté certaine à présenter un « raccourci » de ces quatre siècles, dont les tendances profondes se cachent encore sous l'extrême multiplicité des événements.

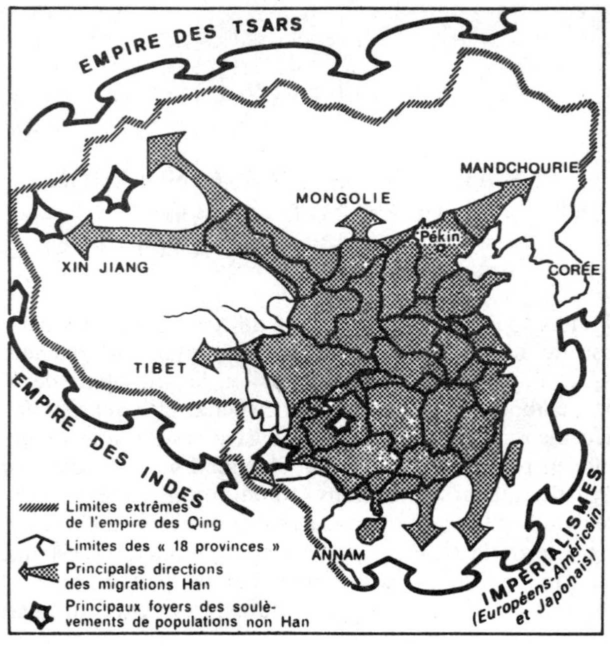

Fig. 6. — Stabilisation et homogénéisation de l'espace chinois

L'histoire traditionnelle distingue deux époques, correspondant aux deux dynasties qui se sont alors succédé sur le trône : celle des Ming (1368-1644), d'origine Han, et que l'on présente comme l'artisan d'une « réaction nationale » contre les Mongols, puis celle des Qing (1644-1911), d'origine mandchoue, symbole d'une dernière offensive du Septentrion, et rendue responsable du « retard » pris par la Chine au XIXe siècle. Mais, derrière cette succession dynastique, il est possible de reconnaître déjà certains phénomènes « de temps long », qui permettent de caractériser l'histoire de ces quatre siècles.

La croissance démographique. – C'est sans doute là le phénomène majeur, sur lequel on ne saurait trop insister. Les recensements sont désormais assez fréquents pour que nous ayons des « séries » significatives et même s'ils ne dénombrent que les « imposables », laissant le plus souvent de côté les populations des régions montagneuses et isolées, ils nous donnent des ordres de grandeur dont l'interprétation est toujours fructueuse. Selon Ho Ping ti, on peut avancer les chiffres globaux suivants[1] : pour 1393, plus de 60 millions (recensement) ; peu après 1600, environ 150 millions (appréciation), chiffre correspondant au « sommet » des Ming ; puis, après une baisse, au début des Qing (conséquence des guerres qui accompagnent le changement de dynastie), on a, pour 1787, 300 millions (recensement) et juste avant les hécatombes de la guerre des Tai ping, c'est-à-dire à la veille de 1850, 430 millions.

Il est très intéressant de pouvoir suivre cette croissance, selon les diverses provinces. Voici quelques-uns des chiffres (en millions d'habitants) :

	1393	*1787*	*1850*	*(1957)*
He bei (sans Pékin)	1,9	23,0	23,4	44,72
Shan dong	5,3	22,6	33,1	54,03
Jiang su	6,6	31,4	44,2	45,23
Si chuan	1,5	8,6	44,2	72,16

Il suffit de considérer ces divers chiffres, pour prendre conscience de l'ampleur du phénomène, qui s'amorce ici beaucoup plus tôt qu'en Europe, où il n'atteindra de pareilles proportions qu'au XIXe siècle. Les raisons profondes de ce brusque essor démographique restent encore mal connues ; elles sont sûrement diverses : paix relative, au temps des premiers Ming et sous les Mandchous, amélioration des techniques agricoles, permettant une alimentation plus abondante, peut-être aussi

1. Cf. Ho Ping ti, *Studies on the population of China, 1368-1953*, Cambridge, Mass., Harvard Univ. Press, 1959 ; voir aussi M. Cartier, « Démographie chinoise sous les Ming », in *Annales ESC*, 1973, p. 1341-1359.

amélioration des conditions sanitaires[1]. Dès le XVIIe siècle, l'inoculation antivariolique était officiellement répandue et dans ses *Instructions familières*, l'empereur Kang xi se vante d'avoir ainsi sauvé la vie « à des millions d'hommes ».

Une pareille croissance tend à pousser les hommes les uns vers les autres ; les espaces vides diminuent, les contacts sont plus aisés et les particularismes régionaux s'atténuent quelque peu. L'essor démographique a eu pour premier effet d'homogénéiser les diversités locales et de faciliter la formation d'une unité. Pourtant le phénomène est d'une telle ampleur qu'il attire la réflexion des contemporains et, au XVIIIe siècle, les premiers « démographes » chinois s'inquiètent déjà d'un mouvement que ni l'émigration, ni l'infanticide (qui se répand alors dans les villes) ne parviennent à enrayer[2]. Le problème du quantitatif ne cessera plus de se poser désormais en Chine.

« Les bourgeons du capitalisme ». – Dans les années 60, cette expression se retrouvait souvent sous la plume des historiens chinois. Ils entendaient souligner ainsi que l'économie chinoise avait connu, surtout à partir du XVIIe siècle, une évolution en partie comparable à celle de l'Europe : apparition de manufactures privées, avec main-d'œuvre salariée, investissement et réinvestissement de capitaux appartenant à une petite minorité de riches entrepreneurs. Un des exemples les plus frappants est celui des ateliers de tissage de la soie à Su zhou (province du Jiang su). Les propriétaires de métiers à tisser *(ji hu)* recrutaient à la journée des ouvriers *(ji gong)* qui, chaque matin, attendaient l'embauche sur un certain pont de la ville, et étaient réduits à la famine en cas de sous-emploi. Les annales ont gardé le souvenir de plusieurs émeutes ouvrières, notamment au début du XVIIe siècle.

1. Les missionnaires européens notent le recul de la peste : « Il est vrai que près de deux siècles viennent de s'écouler sans qu'on ait presque ressenti aucune de ses atteintes » (Grosier, *De la Chine*, Paris, 1819, t. II, p. 224).

2. Les missionnaires, venus d'une Europe qui manque encore d'hommes, s'étonnent de les voir s'affliger de cet excès de population.

On assiste parallèlement aux progrès de la classe des marchands. Ce sont les premiers bénéficiaires de la réunification du Nord et du Sud et de l'intensification des échanges interrégionaux. Ils profitent des appuis qu'ils ont su se ménager dans l'administration locale et centrale (trafic des grains, monopoles d'État) ; ils s'organisent en guildes *(hang)* et dans certaines régions organisent des banques (au Shan xi, en vue du commerce avec les Mongols ; à Ning bo, pour le grand commerce maritime). Certains constituent d'immenses fortunes et parviennent à faire en sorte que leurs fils se présentent aux examens impériaux et obtiennent une place dans l'administration.

Pourtant, ni ces marchands ni ces premiers entrepreneurs « capitalistes » ne parviennent à former, comme en Europe, une bourgeoisie « conquérante ». On a cherché à dégager les raisons de cette différence. Il faut d'abord songer à l'importance de l'État chinois ; l'administration contrôlait et bridait à la fois les initiatives individuelles ; il n'y avait pas de villes « franches » et toutes se trouvaient sous l'autorité du mandarin local, représentant de l'empereur. Autre raison, la relative faiblesse d'une industrie où les commerçants auraient pu réinvestir leurs bénéfices ; le bois est rare en Chine (déforestation ancienne) et c'est peut-être là une des causes de ce retard ; les forges à bois ne peuvent se multiplier aussi vite que dans l'Angleterre du XVIIIe siècle[1]. Il convient d'évoquer également le système successoral, qui redistribue le patrimoine entre tous les enfants et compromet ainsi l'avenir de la fortune ; nombreux sont d'ailleurs les exemples de fils prodigues, qui, mal éduqués ou peu soucieux de continuer l'œuvre paternelle, dilapident leur avoir en quelques années, au lieu de le réinves-

1. Les dernières grandes forêts (Mandchourie, Yun nan) se trouvaient très éloignées des centres de consommation ; à Jing de zhen, le grand centre de production de porcelaines du Jiang xi, les fourneaux avaient peu à peu déforesté les environs ; au XVIIIe siècle, « les denrées y étaient d'autant plus chères qu'il fallait faire venir d'ailleurs tout ce qui s'y consommait et même jusqu'au bois qu'on était obligé de tirer de près de cent lieues » (Grosier, *op. cit.*, t. I, p. 83).

tir. Cette instabilité sociale[1] empêche la formation d'une classe homogène. Dernière raison enfin, et non des moindres, la formation d'une bourgeoisie outre-mer ; les plus ambitieux préfèrent s'exiler et tenter ailleurs la fortune.

La formation d'une « Chine d'outre-mer ». – L'essor démographique, le développement du grand commerce donnent une impulsion nouvelle à un phénomène déjà ancien, l'émigration[2] et plus spécialement l'émigration outre-mer. Dès le XIIIe siècle, le voyageur Zhou Da guan atteste l'existence d'une communauté chinoise au Cambodge[3] et beaucoup des soldats que les expéditions mongoles avaient entraînés dans les mers du Sud, à Java notamment, s'étaient établis dans les régions qu'ils étaient censés conquérir. Toutefois c'est surtout à partir du XVe siècle que les départs se font plus nombreux. La plupart des émigrés viennent des provinces maritimes, Fu jian et Guang dong. Les lieux d'implantation varient au cours des siècles, en fonction de la conjoncture économique des mers du Sud ; d'abord les ports de Java (Tuban, Geresik, Surabaya), de Luçon (Manille), de Sumatra (Aceh) ; puis, plus tard, dans les villes coloniales (Batavia, Singapour). Dans toutes ces villes, ils constituent des minorités puissantes, autonomes, disposant de leurs propres écoles[4]. Dans plusieurs des colonies d'Asie du Sud-Est, ils deviennent les intermédiaires nécessaires entre les habitants et les Européens (collecte des impôts, fermes des monopoles). Ces « Chinois d'outre-mer » (*hua qiao* en mandarin) gardent contact avec la métropole, où beaucoup s'en revien-

1. Sur le caractère hautement compétitif de la société chinoise à cette époque, voir Ho Ping ti, *The ladder of success in Imperial China ; aspects of social mobility, 1368-1911*, New York et Londres, Columbia Univ. Press, 1962.

2. Émigration interne en direction du sud-ouest, au XVIIIe siècle (guerres contre les « Miao » du Gui zhou) ; en direction du nord-est (Mandchourie), au XIXe siècle et au début du XXe siècle.

3. Le récit de Zhou Da guan a été traduit par P. Pelliot, « Mémoires sur les coutumes du Cambodge », in *BEFEO*, 1902 ; rééd. *in* P. Pelliot, *Œuvres posthumes*, t. III, Paris, 1951.

4. Cf. V. Purcell, *The Chinese in South-East Asia*, Oxford Univ. Press, 2e éd., 1965.

nent, après fortune faite. Lors de la révolution de 1911, ils aideront le Dr Sun Yat sen de leurs finances. Bien qu'en dehors des limites traditionnelles et politiques de la Chine, il ne faut pas oublier qu'ils font également partie de « l'espace chinois ».

L'arrivée des Européens. – En 1511, les Portugais s'emparent de Malaka et leur chef, Albuquerque, délègue presque aussitôt vers la Chine une ambassade, conduite par Tome Pires, la première d'une longue série de missions diplomatiques européennes. Vers le milieu du XVIe siècle, les Cosaques atteignent l'Amour et, en 1567, les deux premiers agents russes, Petrov et Yallichev, parviennent à Pékin[1]. L'Empire du milieu allait avoir désormais à compter avec les représentants de ces puissances, encore lointaines mais en pleine expansion, et désireuses de traiter sur un pied d'égalité. Les contacts vont s'établir sur deux plans, parfois confondus : rapports commerciaux avec des marchands, qui désirent profiter du marché chinois, rapports culturels avec des missionnaires, porteurs d'un outillage mental très différent. Les uns et les autres ne sont pas sans provoquer un certain déséquilibre : crises monétaires, provoquées par l'apport ou la fuite des métaux précieux, crise mentale provoquée par le contact d'une nouvelle culture. Mais il se produit une chose encore plus grave : territorialement, le cercle se resserre, autour de la Chine ; les Russes sont en Asie centrale, les Anglais aux Indes (et au Tibet), les Hollandais dans les îles de la Sonde, les Français en Indochine ; la notion de confin cède la place à celle de frontière et des exigences d'ordre « international », jusqu'alors à peine entrevues, se font jour peu à peu[2].

1. Sur les premiers contacts entre les Chinois et les Russes, voir G. Cahen, *Some early russo-chinese relations*, Shang hai, 1914.

2. Le Japon dont les ambitions eurent dans l'histoire contemporaine de la Chine les conséquences que l'on sait cherche à prendre pied en Corée dès 1529 ; l'entrée de l'Amérique dans l'histoire n'est pas non plus sans avoir en Chine d'importantes répercussions ; avant même que les États-Unis comptent au nombre des « puissances », le commerce transpacifique (par Acapulco et Manille) influe sur l'économie chinoise (arrivée de l'argent du Potosi, dont les Chinois furent avides).

I. – Essor sous les premiers Ming (1368 - c. 1450)

Durant les règnes du grand fondateur, Zhu Yuan zhang (1368-1398 ; nom de règne : Hong wu ; nom posthume : Tai zu)[1] et de son fils cadet, Zhu Di (1403-1425 ; nom de règne : Yong le ; nom posthume : Cheng zu), la Chine connaît un moment d'apogée.

1. **Restauration d'un espace unifié.** – Parti du bas Yang zi, Zhu Yuan zhang parvint à conquérir le Nord et à rallier certaines provinces restées fidèles aux Yuan, comme le Yun nan et le Nord-Est. Les armées mongoles furent refoulées vers les steppes septentrionales, et, afin de prévenir toute récidive, on construisit une nouvelle Grande Muraille. La ligne de fortification, aménagée sous Qin shi Huang di, avait cessé d'être frontière depuis les Tang et les ouvrages de défense étaient tombés en ruine ; le tracé du nouveau rempart passa beaucoup plus au sud que l'ancien ; il allait depuis le fleuve Ya lu, à l'est, jusqu'à la passe de Jia yu guan, au Gan su : en tout, 12 700 km, divisés administrativement et stratégiquement en neuf commanderies. Le rôle de cette Grande Muraille était avant tout défensif, mais il ne faut pas oublier d'autres fonctions possibles ; son chemin de ronde pouvait servir de voie de communication et cette route suspendue permettait d'implanter au loin des colons (cf. le rôle du transsibérien) et de contrôler les nomades (cf. le rôle du *limes* de Syrie). Au prix de plusieurs campagnes, les Chinois parvinrent à maintenir un temps les Wala, ou Mongols, au nord de cette limite[2]. La capitale de l'Empire fut d'abord placée à Nankin (sous Hong wu), puis définitivement transférée à Pékin (sous Yong le, en 1421) ; ainsi s'affirmait l'importance de la région du He bei ; toutefois on se hâta de

1. Sur cette grande figure de l'histoire de Chine, voir l'excellente étude de Wu Han, *Biographie de Zhu Yuan zhang (Zhu Yuan zhang zhuan)*, Pékin, 1965.

2. Cf. Li Guang bi et Lai Jia du, *La guerre contre les Wala sous les Ming (Ming chao dui Wa la de zhan zheng)*, Shang hai, 1954.

restaurer le Grand Canal qui devait servir de trait d'union avec la région du bas Yang zi.

2. **Réorganisation et essor de l'agriculture.** – Les guerres intestines du début du XIVe siècle avaient porté un grand préjudice à la population des campagnes, mais le départ des Mongols laissait vacantes de grandes étendues de terre, spécialement en Chine du Nord. Hong wu veilla à ce qu'on les répartisse entre les paysans pauvres et à ce qu'on en attribue une partie aux soldats, qui purent ainsi subvenir à leur propre entretien (système des « champs militaires » ou *tun tian*) ; il aimait à dire, non sans fierté : « J'entretiens plus d'un million d'hommes, sans qu'il en coûte un grain de riz à la population. » Afin de faciliter la mise en culture, on procéda à des distributions gratuites de bœufs de labour et d'instruments aratoires, ainsi qu'à la restauration des travaux d'irrigation. Pour prévenir les disettes, chaque région devait avoir des greniers, où, lors des bonnes récoltes, on emmagasinait les surplus. En 1394, on ordonna la culture obligatoire du coton ; cette plante, connue jusque-là surtout au sud du Yang zi, gagna le nord du pays (Shan dong, He nan, He bei). En général, les résultats de ces mesures furent satisfaisants, et l'on estime que vers la fin de l'ère Hong wu, la moitié de la surface du pays était en culture et que la production de céréales était le double de celle des Yuan. Progrès qui expliquent en partie l'essor démographique qui va s'amorcer. Parallèlement, l'artisanat est réorganisé et le commerce profite de l'élan général (l'empereur prélève des taxes commerciales dans trente-trois cités).

3. **Regain de l'autorité impériale.** – Les premiers empereurs Ming cherchèrent à renforcer leur autorité et à rehausser le prestige impérial. Ils généralisèrent le système *li jia*, apparenté à l'ancien système *bao jia* ; onze familles étaient regroupées pour former un *jia*, dix *jia* pour former un *li*. Chaque *jia* et chaque *li* avait à sa tête un responsable, chargé du contrôle et du bon ordre. Un pareil « quadrillage » permettait une étroite surveillance et entravait, dans une certaine mesure, les émigra-

tions intempestives. En 1381, on entreprit un gigantesque travail d'enregistrement : recensement de la population et rédaction des « registres jaunes » *(huang ce)*[1], établissement d'un cadastre et rédaction des « registres en écailles de poisson » *(yu lin ce)*, ainsi nommés en raison de l'imbrication des parcelles qui s'y trouvaient dessinées. L'administration centrale fut entièrement réorganisée et l'on créa de nouveaux services qui, en principe, devaient être des instruments d'autocratie : une sorte de « bureau de renseignements » (le *Jin yi wei*), un conseil central de cinq ou six membres (le *Nei ge*) et un deuxième service secret (le *Dong chang*). À partir de Yong le, les eunuques commencèrent à jouer un rôle important dans la politique et l'administration. La réorganisation de la société rendait nécessaire une refonte du code ; dès le règne de Hong wu, paraissait le *Code des grands Ming (Da Ming lü)*.

4. **Les expéditions dans les mers du Sud.** – Bien que surtout préoccupé par la frontière du Nord (danger mongol, transfert de la capitale à Pékin), l'empereur Yong le ne se désintéressa pas des problèmes de la mer. En 1405, il envoya une première flotte, chargée de visiter les diverses contrées d'Asie du Sud-Est et de l'océan Indien, d'y faire sentir le prestige de la nouvelle dynastie, et surtout de stimuler les échanges commerciaux. De 1408 à 1433, six autres grandes expéditions maritimes se succédèrent, toutes dirigées par un eunuque, originaire d'une famille musulmane du Yun nan[2], Zheng He. Pour donner une idée de l'ampleur de ces expéditions, précisons que la septième et dernière emporta 27 000 hommes sur 63 vaisseaux ; le vaisseau amiral portait à lui seul un millier de passagers[3]. Ces flottes touchèrent au Champa (sud de l'actuel

1. Cf. Wei Qing yuan, *Le système des Registres jaunes, sous les Ming (Ming dai huang ce zhi du)*, Pékin, 1961.
2. La stèle funéraire du père de Zheng He a été retrouvée près de Kun yang, au Yun nan.
3. On a retrouvé près de Nankin, sur le site des anciens chantiers navals où ces bateaux ont été construits, un gouvernail en bois, long de 11,07 m ; cette pièce a été déposée au musée historique de Pékin.

Viêt-nam), à Palembang et à Samudra (ports de Sumatra), à Malaka, à Ceylan[1], en Inde, à Ormuz, et jusque dans les ports d'Afrique orientale (Mogadiscio). Les Chinois apportaient porcelaines, soieries et métaux précieux ; ils remportaient les épices, les parfums, les ivoires. Plusieurs princes étrangers revenaient avec la flotte, jusqu'en Chine, afin de prêter hommage. Ces formidables expéditions sont exactement contemporaines de celles que l'infant Don Enrique, surnommé « le navigateur », dirige de son promontoire de Sagres (dans le sud du Portugal), en direction des côtes de Guinée (afin de « tourner » l'obstacle musulman). Elles ne sont que l'aspect officiel, et, pour nous, spectaculaire, d'une pénétration chinoise qui se précise alors et qui se poursuivra, lentement et patiemment, jusqu'au XXe siècle[2].

II. – L'ère des difficultés (c. 1450 - c. 1650)

À partir du milieu du XVe siècle, l'Empire est aux prises avec des difficultés que le pouvoir central est en peine de résoudre.

1. **L'espace menacé.** – À la frontière du Nord, le dispositif stratégique s'avère inefficace. Les Wala (Mongols) le bousculent à plusieurs reprises et parviennent même, en 1450, à s'emparer de la personne de l'empereur Ying zong, qu'ils retiennent captif pendant sept années. Vers la fin du XVIe siècle, un nouveau danger se précise au nord-est, les Mandchous, descendants de ces Djurtchets qui jadis avaient fondé l'Empire Jin. En 1616, leur chef, Nurhachi, s'affranchit de la suzeraineté chinoise et se proclame empereur ; en 1636, son fils prend le titre dynastique de Qing. Leurs attaques sont constantes et ne

1. Le musée de Colombo conserve une stèle rédigée en trois langues (chinois, persan et tamoul), que Zheng He fit dresser pour commémorer son passage dans l'île de Ceylan.

2. Deux des trois récits relatifs aux expéditions de Zheng He ont été traduits en anglais : J. V. G. Mills, *Ma Huan « Ying-yai sheng-lan », the Overall Survey of the Ocean's Shores*, Cambridge, 1971, et J. V. G. Mills et R. Ptak, *« Hsing-ch'a Sheng-lan », The Overall Survey of the Star Raft by Fei Hsin,* Harrassowitz, Wiesbaden, 1996.

se termineront qu'avec leur victoire définitive et la conquête de tout l'Empire (en 1644).

Parallèlement, les côtes maritimes, surtout celles du Jiang su et du Zhe Jiang, ont à subir les raids de plus en plus fréquents des pirates japonais. Leurs activités, tantôt purement dévastatrices, tantôt semi-commerciales, bénéficient parfois de la complicité des riches marchands chinois et l'autorité centrale est le plus souvent sans défense. Dans les endroits stratégiques, on construit des fortins pour les arrêter[1] mais rien n'y fait et en 1555 les Japonais s'avancent jusqu'à Nankin qu'ils ravagent. En 1582, le Japon passe sous l'autorité du Shogun Hideyoshi qui lance une attaque contre la Corée (1592). Ce n'est qu'au prix d'une difficile campagne que les Chinois parviennent à défendre leur allié traditionnel et à rejeter les envahisseurs à la mer.

À côté des Mongols, des Mandchous et des Japonais, apparaît un nouvel ennemi : les Européens. En 1624, les Hollandais s'établissent à Tai wan (« Formosa ») où ils se maintiendront jusqu'en 1662.

2. **Crise de l'agriculture.** – Le développement de la grande propriété, ralenti un temps par les mesures de l'ère Hong wu (fin du XIVe siècle), va reprendre petit à petit[2]. L'empereur, les princes, les eunuques de la cour, les grandes familles provinciales, reconstituent de vastes domaines, aux dépens des petits paysans libres et même des colons militaires (disparition progressive des *tun tian*). Au Zhe jiang, par exemple, nous savons que la terre était entre les mains du dixième seulement de la population. En dépit de certains accommodements (réformes de Zhang Ju zheng en 1581, qui visent à une plus juste réparti-

1. On peut voir encore, sur ces côtes, les restes des fortifications que les habitants avaient construites pour se défendre ; cf. Chen Mao heng, *Recherches sur les incursions des pirates japonais sous les Ming (Ming dai Wo kou kao lüe)*, Pékin, 1957.

2. Hong wu avait d'ailleurs veillé à fieffer lui-même somptueusement ses vingt-quatre fils et le premier exemple de « domaine impérial » *(huang zhuang)* date de son règne.

tion des impôts), la fiscalité fait peser un poids très lourd sur les campagnes, et ce d'autant plus qu'avec les progrès de l'économie monétaire les paysans doivent s'acquitter désormais en numéraire. Les cultivateurs recommencent à fuir et se retrouvent pour s'organiser en bandes ; des régions entières, montagneuses pour la plupart, échappent au contrôle des fonctionnaires officiels, qui ne peuvent qu'interdire formellement de s'y aventurer[1]. Les sociétés secrètes connaissent un renouveau et les soulèvements paysans se multiplient ; soulèvement de Liu le sixième, dans la région de Pékin, en 1510 ; soulèvements organisés par la secte du Lotus blanc, à partir de 1595 ; et pour finir, soulèvement de Li Zi cheng, au Shân xi et au He nan, qui devait aboutir à la prise de Pékin et à la chute des Ming.

3. **Crise du pouvoir central.** – Les empereurs se succèdent sans pouvoir dominer la situation. Les eunuques, introduits sous Yong le, confisquent bientôt la quasi-totalité du pouvoir. Administrateurs des biens impériaux, chefs des polices secrètes, maîtres du *Nei ge*, ils nomment à tous les emplois et contrôlent toute la politique. Sous Wu zong (1506-1522), l'eunuque Liu Jin possède à lui seul plus de 240 000 lingots d'or et 5 millions de lingots d'argent ; « il y a deux empereurs, disait-on dans les rues de Pékin, l'un est assis, l'autre debout ; l'un s'appelle Zhu (nom de famille des Ming), l'autre se nomme Liu ». Le mécontentement éclate çà et là ; vers 1600, des émeutes urbaines s'en prennent aux eunuques collecteurs de taxes et contrôleurs des ateliers impériaux (à Wu chang, à la grande fabrique de porcelaine de Jing de zhen, aux charbonnages de Men tou gou, près de Pékin). D'autre part, les fonctionnaires lettrés, qui sont les premiers à pâtir du succès des eunuques, s'organisent en une société semi-secrète, le Dong lin. Leurs plans sont découverts et leur organisation démantelée (début XVIIe siècle).

1. Cf. J. B. Parsons, *The Peasant Rebellions in late Ming Dynasty*, Tucson, 1970.

Les eunuques parviennent à garder le pouvoir et ce sont eux qui, après avoir acculé le dernier empereur Ming au suicide et ouvert les portes de Pékin aux troupes populaires de Li Zi cheng, trament en sous-main avec le général loyaliste Wu San gui, et par son intermédiaire, avec les Mandchous, qui n'attendent que cette occasion pour intervenir. 1644 : la dynastie Qing s'installe en Chine du Nord-Est.

III. – Deuxième essor sous les premiers Qing (c. 1650 - c. 1750)

Durant les premiers règnes de la dynastie Qing (Shun zhi, 1644-1662 ; Kang xi, 1662-1723 ; Yong zheng, 1723-1736) et durant le début du règne de Qian long (1736-1796), la Chine connaît un nouveau moment de grandeur ; ses frontières sont alors portées plus loin qu'elles ne l'avaient jamais été, et qu'elles ne l'ont été depuis.

1. **L'ordre mandchou.** – L'installation des Mandchous ne se fit pas sans difficultés. Ils tenaient Pékin mais il leur fallait encore conquérir le Sud où divers prétendants s'étaient réfugiés et recevaient l'appui d'éléments loyalistes (résistance de Li Ding guo, au Shân xi et au Yun nan ; de Koxinga[1], à Tai wan). La formation de petites principautés autonomes (désignées sous le nom collectif de Nan Ming, ou « Ming du Sud ») retarda l'avancée des Mandchous, qui n'eurent raison du dernier prétendant qu'en 1661, à la frontière birmane, et ne purent pas reprendre pied à Tai wan avant 1683.

Au début, les vainqueurs imposèrent leur autorité avec rigueur, comme jadis les Mongols l'avaient fait. Leurs troupes, réparties en huit « bannières » *(ba qi)*, s'installèrent dans la capitale et dans les principales villes, où elles campèrent comme en pays conquis (souvent regroupées dans un quartier

1. Zheng Cheng gong, que les Européens ont appelé Koxinga (en déformant la prononciation dialectale de son titre), chassa les Hollandais de Formose et parvint à maintenir son autorité pendant plusieurs années sur les deux rives du détroit de Tai wan.

spécial, à Nankin, à Xi an, à Fu zhou par exemple). Les Han se virent contraints de porter la natte, ce qu'ils ressentirent comme une humiliation. Le système du *bao jia* fut maintenu et une censure sévère instaurée. Des inspecteurs itinérants permettaient un contrôle permanent. Le *Code des grands Qing (Da Qing lü li)* comptait au nombre des dix crimes capitaux *(shi e)* toute tentative de rébellion contre la dynastie, la profanation des autels de la famille impériale et l'assassinat des fonctionnaires. A Pékin, fut créé le Grand Conseil *(Guo yi)*, où seuls les dignitaires mandchous pouvaient siéger et, d'une façon générale, seuls des Mandchous furent installés dans les postes importants.

Peu à peu cependant, les empereurs saisirent l'intérêt qu'il y avait à rallier à la nouvelle dynastie les Han privilégiés. Le chinois fut déclaré langue officielle, au même titre que le mandchou ; le confucianisme fut maintenu en honneur ; un système d'examens permit, comme auparavant, de recruter les fils des classes aisées. Un nouvel organisme où les Han pouvaient avoir accès remplaça peu à peu le *Guo yi*. Les souverains mandchous eurent toujours soin de flatter leurs vaincus et l'empereur Kang xi ne se rendit pas moins de six fois dans le Sud (entre 1684 et 1707), afin de se concilier les faveurs de la bourgeoisie des villes du bas Yang zi[1].

Vis-à-vis des populations non Han de l'Empire, les Mandchous adoptèrent une politique originale. Se sachant eux-mêmes minoritaires (les « bannières » ne comptaient guère plus de 200 000 hommes), ils cherchèrent à enlever aux Han le contrôle des autres minorités. A Pékin, fut instauré un bureau spécial (le *Li fan yuan*) chargé de l'administration des régions mongole, ouïgoure et tibétaine. Il était interdit aux minorités de se mêler aux Han, aux Han d'étudier les langues des minorités. Chaque minorité avait son code particulier. On ordonna même l'adoption de nouveaux caractères chinois pour trans-

1. Qian long en fit autant ; il existe toute une série de rouleaux de peinture retraçant les diverses étapes de ces voyages ; le musée Guimet en possède quelques-uns.

crire les noms de certaines populations minoritaires, qui avaient été transcrits jusqu'alors avec des caractères considérés comme injurieux.

2. **L'essor économique.** – Les troubles qui avaient précédé et accompagné l'avènement des Qing avaient porté un coup très dur à l'économie du pays. La production s'était ralentie ; beaucoup de champs abandonnés restaient incultes. La situation fut d'ailleurs aggravée par les premières mesures que prirent les Mandchous : attribution des terres vacantes aux hommes des bannières, obligation pour les paysans des côtes de se retirer à l'intérieur (afin d'éviter toute compromission avec les flottes de Koxinga). Pourtant on adopta bientôt une nouvelle politique, mieux inspirée. La propriété du sol fut reconnue aux métayers, dont les propriétaires avaient disparu au cours des troubles ; un impôt en argent, équitable et, en principe, immuable *(ding yin)*, fut instauré et le système des greniers provinciaux, repris et développé.

L'étendue des terres cultivées augmente sans cesse. De nouvelles colonies s'établissent dans les régions marginales ; tantôt c'est l'État qui en prend l'initiative (à Tai wan, au Xin jiang), tantôt il s'agit de petits groupes, qui, à titre privé, vont s'installer en Mandchourie (malgré l'interdiction formelle, qui empêche les Han d'y cultiver) ou dans le Sud-Ouest (Yun nan, Guang xi) ; les textes nous parlent des « hommes des tentes » *(peng min)*, sortes de pionniers, à demi nomades qui progressent peu à peu, à la recherche de régions moins peuplées. Partout, ils introduisent les techniques agricoles qui, depuis longtemps, ont fait leurs preuves dans les campagnes du centre.

Dans les régions de peuplement plus ancien, ce sont les travaux d'irrigation ou d'endiguement qui permettent de rendre des terres à la culture : aménagement du Fleuve jaune, canalisation de la rivière Yong ding (près de Pékin), digues en bordure de mer (au Jiang su). Les résultats paraissent avoir été bons. Les rendements en céréales s'améliorent. La province du Hu guang (qui se scinda plus tard en Hu bei et Hu nan) devient le grenier de l'Empire : « Quand la récolte est mûre, au

Hu guang, disait-on, l'Empire peut manger à sa faim » ; le Si chuan et le Jiang nan (plus tard scindé en An hui et Jiang su) exportent également une partie de leur riz. Au Fu jian, au Guang dong, la culture de la canne à sucre, du thé, du mûrier est en progrès. C'est alors qu'on introduit d'Amérique, comme en Europe au même moment, des plantes nouvelles comme le tabac, le maïs, la tomate, la patate.

Stimulé par l'essor démographique, ainsi que par la demande des classes riches, l'artisanat est en plein développement. On fabrique des soieries à Hang zhou et Su zhou, des cotonnades à Song jiang (ouest de Shang hai), on forge le fer à Fo shan (près de Canton), on travaille la porcelaine à Jing de zhen, grosse bourgade du Jiang xi où l'on ne compte pas moins de 500 fours. Cet artisanat prend souvent des allures industrielles et même parfois capitalistes. On comptait alors à Nankin 30 000 métiers à tisser et à Su zhou, 33 ateliers d'impression sur papier employant 800 ouvriers (soit une moyenne de 24 ouvriers par atelier).

Le commerce se développe dans les grands carrefours du Sud, à Nankin, Han kou, Amoy, Canton, dans certaines cités nouvelles, poussées dans l'Ouest, Ouroumtchi, Xi ning, Aksou. Les échanges se font par terre dans le Nord et, dans le Sud, par chalands, le long des innombrables canaux. Les produits échangés sont souvent des produits de luxe : porcelaine, soieries, tabac, herbes médicinales[1], mais ce sont aussi des denrées plus lourdes et plus vitales : des céréales, du bois, convoyé à grands frais, vers les centres urbains et les chantiers navals, depuis les lointaines forêts du Si chuan, du Yun nan ou du Fu jian. Les marchands constituent parfois d'énormes for-

1. Un produit de luxe, les fleurs artificielles, donnaient lieu à un trafic particulier ; elles étaient faites à Pékin avec la moelle d'un roseau qui poussait exclusivement au Si chuan ; les roseaux étaient transportés sur le Yang zi jusque dans la province de Jiang nan où ils subissaient une première préparation ; on extrayait la moelle des tuyaux et on la réduisait en feuilles minces et légères ; puis on acheminait ces feuilles vers Pékin où des spécialistes composaient des bouquets qui étaient ensuite redistribués dans tout l'Empire.

tunes : banquiers du Shan xi, trafiquants de sel du Si chuan, exportateurs de Canton.

3. **Extension de l'espace.** – Ce double essor de la démographie et de l'économie s'accompagne d'une nouvelle extension de l'espace chinois. Les gains principaux furent marqués aux frontières du Nord-Ouest, où les Qing renouèrent avec la grande politique d'expansion des Tang. Durant plus d'un siècle, de 1650 à 1760 environ, l'Asie centrale se trouva être l'enjeu d'une ardente compétition. Devant l'avance insidieuse des Chinois à l'Est, et des Russes au Nord, certains éléments autochtones de Mongolie, de Djoungarie et du Xin jiang, tentèrent de réagir, en constituant un Empire central autonome, qui sut lui-même tirer parti de sa position stratégique et du contrôle des routes commerciales.

La principale impulsion vint des Kalmuks – aussi appelés Éleuthes[1] – dont l'habitat était la Djoungarie. Sous la direction d'un jeune prince, actif et ambitieux, Galdan, ils soumirent le Xin jiang (1680-1685), puis la Mongolie (victoire d'Ologoi, 1688). Devant ce dangereux rival, la cour chinoise procéda avec une grande habileté. Elle sut tirer parti des dissensions qui affaiblissaient l'adversaire, en se gagnant l'appui du clergé lamaïque, dont l'influence était grande dans toute la haute Asie ; puis, elle chercha à s'entendre avec les Russes, susceptibles de prendre les Éleuthes à revers, et leur concéda des avantages commerciaux (traités de Nertchinsk, en 1689, puis de Kiakhta, en 1727). Finalement, une série de campagnes menées avec vigueur contre les Éleuthes, puis contre les Ouïgours et les Mongols, lui permit d'établir sa suzeraineté dans toutes ces régions.

Sans le Sud-Ouest, la lente pénétration des Han n'allait pas sans provoquer la réaction des populations indigènes, désignées alors sous le nom collectif de « Miao », bien que beaucoup n'eussent rien de commun avec cette ethnie[2]. Plusieurs

1. Du nom qu'ils se donnaient eux-mêmes : Oloth (transcrit en chinois E lu te).
2. Cf. Cl. Lombard-Salmon, *Un exemple d'acculturation chinoise : la province du Guizhou au XVIIIe siècle*, Paris, EFEO, 1973.

révoltes furent sévèrement réprimées (en 1735 et en 1775 notamment). De difficiles campagnes en Birmanie (1767-1788) permettront même à la Chine d'étendre sa suzeraineté jusque dans le bassin du haut Irrawadi.

IV. – **Le déclin (c. 1750 - 1850)**

Durant les dernières décennies du XVIIIe siècle, apparaissent certains signes d'une faiblesse qui va s'aggraver au cours du XIXe siècle (mort de Qian long en 1796, règnes de Jia qing, 1796-1821, et de Dao guang, 1821-1851).

La croissance économique n'arrive plus à suivre la croissance démographique et peu à peu s'instaure cette misère rurale et urbaine que les voyageurs européens se sont complu à décrire. Des soulèvements sont signalés un peu partout, soulèvements de populations Han, organisés par les sociétés secrètes (Lotus blanc, Triade)[1], mais aussi soulèvements de populations minoritaires (Miao au Gui zhou, en 1795 ; Ouïgours au Xin jiang, en 1820-1826). Cependant, le pouvoir central s'affaiblit ; les dernières années du règne de Qian long sont marquées par la toute-puissance d'un favori, un Mandchou d'origine obscure, He shen[2]. À la cour, les dignitaires mandchous, les hauts fonctionnaires Han et les eunuques s'affrontent en des intrigues interminables et vaines.

Enfin, les Européens sont aux portes et se font de plus en plus menaçants. Ils cherchent à se faire ouvrir cette Chine, dont ils convoitent le marché intérieur, non sans illusions d'ailleurs, car le pouvoir d'achat y reste faible. Les guerres napoléoniennes retardent un temps leurs projets, puis ils reviennent à la charge. Les Anglais achètent des soieries, de la

1. Sur le rôle joué par ces sociétés secrètes dans la lutte contre les Mandchous, voir J. Chesneaux, *Les sociétés secrètes en Chine aux XIXe et XXe siècles*, Paris, Julliard, 1965.

2. Après la mort de Qian long, He shen fut disgracié, emprisonné et contraint au suicide ; ses biens furent confisqués et l'inventaire qui fut dressé à cette occasion nous a été conservé ; il possédait amoncelés au fond de nombreux palais de fabuleux trésors, intéressant exemple de thésaurisation improductive.

porcelaine, du thé ; au début, ils doivent payer en numéraire, puis ils découvrent dans l'opium un bon moyen d'équilibrer ce commerce déficitaire ; en 1830, ils introduisent 19 956 caisses d'opium ; en 1838, le chiffre est passé à 40 200 caisses. Par la « guerre de l'opium », ils obligent la Chine à ouvrir à leur commerce cinq de ses ports (1842). Vers le milieu du siècle, la révolte des Tai ping, qui enflamme toutes les provinces méridionales – et dont on ne pourra venir à bout qu'avec l'appui des Occidentaux – démontre de façon évidente en quel état de décadence se trouve la monarchie mandchoue. La Chine, « surpeuplée » et affaiblie, se prépare à subir pour près d'un siècle la volonté des « puissances » ; elle gardera toujours le semblant d'une indépendance politique (à la différence des autres colonies d'Asie), mais elle devra aliéner une bonne partie de sa souveraineté et de ses richesses économiques ; c'est ce que l'on a appelé le « break up of China », un dépeçage auquel participeront l'Europe, la Russie, les États-Unis et le Japon.

V. – Une culture aux multiples facettes

Sous les Ming et les Qing, la Chine vit s'épanouir une civilisation prodigieuse, celle-là même qui, au XVIIIe siècle, fit l'admiration des missionnaires jésuites et de l'Europe des Lumières. Certains des aspects de cette culture nous sont assez bien connus (la céramique, la peinture, le roman) ; mais beaucoup d'autres n'ont pas encore fait l'objet d'une étude approfondie. Nous manquons, par exemple, d'une vue d'ensemble sur ce groupe de « philosophes » chinois, qui, vers le même temps que ceux d'Europe, se sont intéressés aux questions de population et de technique, et ont remis en cause les problèmes de la société et du pouvoir.

1. **L'empereur et la cour.** – La cour est toujours l'un des principaux foyers de culture. La personne impériale s'entoure d'une étiquette somptueuse et précise. Les Ming, soucieux de renouer avec les anciennes traditions chinoises, oubliées un

temps sous les Mongols, remettent en honneur d'antiques rituels : sacrifices à la terre et au ciel, ouverture du premier sillon. Lors des audiences, les fonctionnaires se prosternent devant l'estrade impériale (cérémonie du *ke tou*, qui provoqua la réticence des ambassadeurs européens). Le corps de tout empereur mort est déposé dans un magnifique tombeau, dont la construction, parfois ruineuse, est généralement entreprise dès son vivant ; chaque tumulus, précédé d'une « voie sacrée » que bordent des statues d'animaux et d'hommes en pierre, abrite un palais souterrain dont l'entrée est tenue secrète. L'empereur défunt y repose, avec ses femmes, au milieu d'une profusion d'objets précieux[1].

Depuis 1421, la cour est en principe à Pékin (Bei jing, « la capitale du Nord »). Elle est installée au centre de la ville, dans la cité pourpre. Sous les Qing, l'empereur se déplace souvent, soit pour aller chasser en Mandchourie, soit pour faire un voyage d'inspection, dans le Sud, ou en Mongolie, soit encore pour aller passer la saison la plus chaude de l'année dans les divers « palais d'été » qui ont été construits à proximité de Pékin (Yuan ming yuan et Yi he yuan, dans la banlieue ouest ; palais de Jehol, près de l'actuelle Cheng de, dans le nord-est du He bei). Là, les architectes ont édifié un grand nombre de pavillons en bois ou en briques, couverts de lourds toits de tuiles ; ils ont également dessiné de vastes jardins, et, pour satisfaire les préoccupations religieuses de leurs maîtres, construit des temples taoïstes, bouddhistes ou lamaïstes, où l'on retrouve parfois l'influence d'une architecture étrangère, tibétaine, indienne ou coréenne. Tous ces palais valent aussi par leur décor : boiseries, céramiques, porcelaines (familles « rose », « verte », « noire »), statuaire, peinture sur soie, bronzes antiques, groupes de figurines en terre cuite *(ni ren)*, automates... les besoins du marché palatin sont immenses.

1. Il semble que sous les premiers empereurs Ming certaines femmes du palais aient été mises à mort au moment des funérailles. Ce n'est qu'en 1958 que l'on a ouvert le premier de ces tombeaux, celui de l'empereur Wan li (1578-1620), au nord-ouest de Pékin.

La cour est également à l'origine de toute une activité intellectuelle. Les empereurs montrent l'exemple, en écrivant à leurs heures perdues ; Kang xi rédige ses *Instructions familières* et Qian long est un auteur prolixe (très nombreux textes épigraphiques). Ils entretiennent auprès d'eux un collège de lettrés, l'Académie Han lin (dont la création est ancienne). Célèbres surtout sont les œuvres considérables, que, sur leur ordre, des équipes entières menèrent à bien : le *Yong le da dian*, ensemble de textes recueillis sous Yong le des Ming, en 22 937 chapitres [1], le *Gu jin tu shu ji cheng*, grande encyclopédie illustrée, dont les articles sont classés par centres d'intérêt, rédigée sous Kang xi (en 10 000 chapitres), le *Si ku quan shu*, grande collection compilée sous Qian long, regroupant le texte de 3 457 ouvrages. N'oublions pas non plus les travaux historiques et, pour ne citer que l'œuvre des historiens officiels, l'*Histoire des Yuan*, rédigée sous les Ming, et l'*Histoire des Ming*, rédigée sous les Qing.

2. **Les villes et l' « esprit bourgeois ».** – Avec le commerce qui s'intensifie, les villes grandissent et s'embellissent de quartiers résidentiels, où les gros marchands se font construire des demeures de grand luxe[2]. Notons aussi que, vers le début des Ming, de nombreuses cités s'entourent de remparts ; crainte d'un retour des envahisseurs nordiques, crainte surtout des révoltes paysannes et besoin pour les urbains de délimiter et de protéger soigneusement leur espace. Les agglomérations les plus typiques se trouvent dans l'ancienne région du bas Yang zi, au Jiang nan, au Zhe jiang ; ce sont Nankin, Hang zhou, Su zhou, Song jiang, Ning bo. D'autres centres sont Han kou et

1. Ce monument resta manuscrit ; l'exemplaire qui se trouvait au palais impérial de Pékin a été dispersé, lorsque les « huit puissances » occupèrent les lieux en 1900 ; une édition des fragments subsistants est parue à Pékin.

2. Ils se font construire également des résidences de campagne ; voir les plans et les photographies reproduits dans Zhang Zhong et autres, *Résidences d'époque Ming de la région de Hui zhou (au An hui) (Hui zhou Ming dai zhu zhai)*, Pékin, 1957.

Cheng du, à proximité de cette merveilleuse voie naturelle qu'est le Yang zi, Canton, au contact du grand commerce maritime, et, bien sûr, Pékin.

C'est dans ces villes que se développent deux genres littéraires originaux, qui consacrent définitivement l'avènement de la langue parlée, le théâtre et le roman. Chacune des grandes cités crée un type de théâtre à elle, dont la langue est le dialecte local et dont les mélodies s'inspirent des traditions musicales de la région. Deux de ces théâtres étaient destinés à un brillant avenir : le *Kun qu*, ou théâtre de Kun shan, créé au Jiang su, au XVIe siècle, et le *Jing ju*, ou théâtre de Pékin (ce que nous appelons l'« Opéra de Pékin »), de formation tardive, et dont le succès s'explique partiellement par les progrès du parler de Pékin.

Les romans sont extrêmement nombreux et l'imprimerie permet de les répandre partout. Ils reprennent, en les embellissant, certains épisodes historiques (guerres des Trois Royaumes, pèlerinage de Xuan zang aux Indes, soulèvement de Song Jiang sous les Song[1], expéditions de l'eunuque Zheng He dans les mers du Sud) et contribuent à faire connaître certains types de héros, que le théâtre mettra en scène à son tour : le général Cao Cao, rusé fondateur de Wei, le vaillant Wu Song, redresseur de torts et tueurs de tigres, le très extraordinaire Sun Wu kong, malin comme un singe et puissant comme un surhomme. Il n'est pas sans intérêt, pour qui veut étudier le développement ultérieur de la Chine, de s'arrêter un temps à la façon dont elle réenvisagea alors collectivement son passé. Un autre genre de roman, différent du précédent et destiné sans doute à un autre public, connaît aussi un grand succès ; c'est le roman de mœurs dont les intrigues complexes se déroulent dans la

1. C'est le thème du célèbre roman *Les bords de l'eau*, récemment traduit par J. Dars, dans la collection de la Pléiade, Paris, NRF, 1979. Beaucoup de ces romans seront alors adaptés dans d'autres langues asiatiques (vietnamien, siamois, malais, etc.) et certains seront à l'origine du genre *kungfu*, très apprécié en Asie du Sud-Est (voir Cl. Salmon éd., *Literary Migrations, Traditional Chinese Fiction in Asia, 17-20th Centuries*, Pékin, ICPC, 1987).

vaste maison de quelque privilégié, grand fonctionnaire ou grand marchand. Les deux chefs-d'œuvre sont ici le *Jin ping mei*[1] et le *Hong lou meng (Songe du pavillon rouge)*. Le premier nous conte les aventures publiques et privées d'un commerçant sans scrupule et d'un mari sans vergogne, Xi men ; le deuxième raconte l'adolescence du jeune Bao yu, qui grandit dans la riche résidence d'une puissante famille, entouré de jeunes filles très romantiques.

3. **Les milieux lettrés ; « progressisme » ou « conservatisme ».** – Sous les Ming, comme sous les Qing, le confucianisme est à l'honneur[2] et la réussite à l'examen qui donne accès à la carrière administrative des honneurs reste l'idéal de tout jeune ambitieux[3]. S'il y a rivalité et même compétition aux niveaux des individus et des familles (les régionalismes ne sont pas tous atténués), on peut parler néanmoins d'une certaine stabilité de la classe des lettrés dans son ensemble. Seul, l'avènement des Mandchous posa un problème, celui de la légitimité. La plupart des fonctionnaires Han finirent par se rallier aux nouveaux maîtres, mais certains d'entre eux restèrent à l'écart, par fidélité aux Ming. Cette rupture politique a sans doute contribué au développement d'une réflexion indépendante, en marge de l'ordre officiel.

1. Le titre est formé par la juxtaposition de trois syllabes dont chacune est prise au nom d'une des trois héroïnes ; certains passages considérés comme par trop érotiques ont valu à ce roman les foudres des autorités, mandchoues d'abord, puis communistes. Voir la récente traduction de A. Lévy dans la collection de la Pléiade.

2. À Qu fu (au Shan dong), où se trouve la tombe de Confucius, les descendants du maître vivent des pèlerins qui affluent nombreux ; leurs archives ont été conservées (depuis les Ming) avec des livres de compte qui n'ont pas encore été, semble-t-il, l'objet de l'attention qu'ils mériteraient.

3. À Pékin, tout près du rempart de l'Est, se trouvait le Palais des examens, avec plusieurs centaines de petites loges en brique, où l'on enfermait les candidats pour toute la durée des épreuves. Pour se faire une première idée de ce qu'étaient les milieux lettrés au XVIIIe siècle, il convient de lire le roman de Wu Jing zi, *La forêt des lettrés (Ru lin wai shi)* ; l'auteur, un candidat malheureux, y donne libre cours à son ironie ; trad. anglaise : *The Scholars*, Pékin, Foreign language Press, 1957, rééd. 1964.

Un grand fait est à signaler ici : le développement des études philologiques. Dans la solitude de leur cabinet provincial, plusieurs lettrés reprennent l'examen des textes considérés comme classiques, notent les invraisemblances, signalent les interpolations et infirment la lettre d'ouvrages dont l'infaillibilité n'avait jamais été mise en doute jusqu'alors. Les philologues se groupent en « écoles » et se livrent à d'ardentes controverses (école de Wu, au Zhe jiang, et de Wan, au An hui, au XVIIIe siècle). Ce goût de l'analyse, de l'observation attentive, se retrouve dans les sciences. Au XVIe siècle, le grand pharmacologue Li Shi zhen met au point un excellent traité de botanique, le *Ben cao gang mu* ; au début du XVIIe siècle, paraît un traité d'agriculture, le *Nong zheng quan shu*, œuvre d'un grand fonctionnaire converti au christianisme, Xu Guang qi[1], et un traité de technologie, illustré de nombreuses planches, le *Tian gong kai wu*[2]. Sous les Qing, le mouvement continue (publication d'une encyclopédie médicale au XVIIIe siècle), mais les progrès sont lents, comparés à ceux de la science occidentale des XVIIIe et XIXe siècles.

Dans le domaine de la réflexion « philosophique », on discerne l'apparition d'un certain esprit critique. A la pensée idéaliste et conservatrice de Wang Yang ming[3], qui eut son heure de gloire au XVIe siècle, on a pris l'habitude d'opposer, non bien sûr sans schématiser, les conceptions de Li Zhi (1527-1602)[4], de Wang Fu zhi (ou Wang Chuan shan, 1619-1692) et

1. Les membres de la famille de Xu Guang qi se convertirent à sa suite et formèrent au sud-ouest de Shang hai, où ils possédaient un domaine, une des toutes premières communautés chrétiennes de Chine ; c'est là, dans le « Bourg de la famille Xu » (Xu jia hui, ou Ziccawei, en prononciation shanghaienne) que les missionnaires établirent au XIXe siècle leur célèbre observatoire.

2. Traduit par E. T. Z. Sun et S. C. Sun, *T'ien-kung k'ai-wu, Chinese Technology in the XVIIth Century*, Pennsylvania State Univ. Press, 1966.

3. Wang Shou ren (ou Wang Yang ming), 1472-1528, originaire du Zhe jiang, ministre et général, réprima dans le Sud plusieurs révoltes de populations minoritaires ; son œuvre philosophique eut longtemps un très gros succès au Japon.

4. Voir l'étude de J.-F. Billeter, *Li Zhi philosophe maudit (1527-1602)*, Genève-Paris, Droz, 1979.

de Gu Yan wu (1613-1682)[1]. Ceux-ci analysent les vices du régime et les tares de la société, n'hésitant pas à attaquer l'autocratisme impérial. « De la prospérité ou de la misère de l'Empire, déclarait Gu Yan wu, les gens du commun sont les vrais responsables. » L'audience de ces auteurs isolés resta cependant réduite ; une censure sévère, une police bien faite avaient tôt fait de les empêcher d'agir. A aucun moment, ils n'eurent l'autorité dont purent profiter les « philosophes » d'Occident[2].

Le gros des lettrés resta fidèle à la dynastie et fidèle à ses traditions. Comme sous les Tang, comme sous les Song, ils s'adonnent à la peinture et à la poésie ; l'inspiration se fige et l'on a recours à des manuels, à des recueils de modèles ; ainsi paraît le *Jardin grand comme un grain de moutarde (Jie zi yuan)* qui est une méthode de dessin. Comme sous les Tang, comme sous les Song, ils aiment à lire des contes fantastiques, afin d'y trouver le piquant qui manque à leur vie monotone ; au XVIIe siècle, l'un d'entre eux, originaire du Shan dong, Pu Song ling, rédige le chef-d'œuvre du genre, *Contes étranges du studio Liao*. Comme autrefois, ils aiment à collectionner les objets rares, belles pierres à encre ou minéraux aux formes bizarres ; certains, préoccupés d'érudition, collectionnent les livres et constituent de belles bibliothèques privées.

4. **L'impact européen.** – Le tableau de cette société chinoise ne serait pas complet si l'on passait sous silence le rôle des missionnaires européens, surtout Jésuites, qui, à la suite de l'Italien Mateo Ricci (nom chinois : Li Ma tou ; mort en 1610), se succédèrent en Chine. Ils ne furent jamais très nombreux, et avant le XIXe siècle leur influence n'excéda jamais le cadre de la capitale et de quelques grandes villes du Sud. Pourtant, leur apport culturel ne fut pas négligeable : dans le domaine scienti-

1. Cf. J.-Fr. Vergnaud, *La pensée de Gu Yanwu (1613-1682), essai de synthèse,* Paris, Publ. de l'EFEO, 1990.
2. Sur certains aspects de la pensée philosophique sous les Ming, voir W. T. de Bary, éd., *Self and Society in Ming Thought*, New York, 1970.

fique, perfectionnement des mesures astronomiques (construction des instruments de l'observatoire de Pékin), réforme du calendrier, traduction de traités mathématiques occidentaux ; dans le domaine des techniques, mouvement d'horlogerie[1], fonte des canons, levés cartographiques, gravure en taille-douce ; sur le plan artistique, introduction de la notion de perspective, multiplication des portraits[2] ; enfin, sur le plan religieux, formation de petites communautés chrétiennes qui parviendront à se maintenir, contre vents et marées (plusieurs interdictions impériales ; affaire des « rites chinois » en cour de Rome).

C'est au contact de cette présence occidentale, et bien souvent en réaction contre elle, que la Chine moderne allait évoluer.

1. Le mouvement d'horlogerie avait été découvert dès les Tang (J. Needham), mais son principe s'était oublié.

2. On a conservé des portraits de Xiang fei, la favorite ouïgoure de Qian long, peinte en costume de bergère, par le P. Castiglione (qui avait adopté le nom chinois de Lang Shi ning).

BIBLIOGRAPHIE

Nous n'avons pu retenir ici que quelques titres, parmi les principaux ouvrages en langues occidentales, *qui n'ont pas déjà figuré dans les notes de notre texte.*

ÉTUDES GÉNÉRALES

C. Blunden and M. Elvin, *Cultural Atlas of China*, Oxford, 1984.
J. Needham, *Science and Civilisation in China*, Cambridge, 1954.
D. Twitchett and J. Fairbank, *The Cambridge History of China*, Cambridge, 1978.
G. B. Cressey, *Land of 500 millions, a geography of China*, New York, rééd. 1955.
A. Herrmann, *Historical atlas of China*, new ed. under the supervision of N. S. Ginsburg, 1965, 128 p., 64 cartes.
Guide Nagel, *Chine*, Genève, rééd. 1972.
J. Gernet, *Le monde chinois*, Paris, A. Colin, 1972.
D. et V. Elisséeff, *La civilisation de la Chine classique*, Paris, Arthaud, 1979.
E. Balazs, *La bureaucratie céleste*, Paris, Gallimard, 1968.
Yang Lien-sheng, *Money and Credit in China*, Cambridge (Mass.), 1952.
Ch'u T'ung-tsu, *Law and society in traditional China*, Paris-La Haye, Mouton, 1961.
G. W. Skinner édit., *The City in Late Imperial China*, Stanford Univ. Press, California, 1977.
K. C. Chang, *Food in Chinese culture*, New Haven, Yale Univ., 1977.
Feng You lan, *A history of Chinese philosophy*, trad. du chinois par D. Bodde, Princeton, 1952-1953, 2 vol.
H. Maspero, *Les religions chinoises*, Paris, Publ. du musée Guimet, 1950.
M. Strickmann, *Mantras et Mandarins, Le bouddhisme tantrique en Chine,* Paris, NRF-Gallimard, 1996.
A. Lévy, *La littérature chinoise ancienne et classique*, Paris, PUF, coll. « Que sais-je ? », n° 296, 1991.
P. C. Swann, *La peinture chinoise*, Paris, Tisné, 1958.
J.-Fr. Billeter, *L'art chinois de l'écriture*, Genève, Skira, 1989.

ÉTUDES PAR PÉRIODE

H. H. Dubs, *The history of the Former Han Dynasty*, Baltimore, 1938-1955.
E. Balazs, *Le traité économique du Souei-chou*, Leide, 1953.
E. O. Reischauer, *Ennin's Travels in T'ang China ; Ennin's Diary*, 2 vol., New York, 1955 ; traduction du journal d'un pèlerin japonais voyageant en Chine sous les Tang.
B. Faure, *Le bouddhisme Ch'an en mal d'histoire : genèse d'une tradition religieuse dans la Chine des T'ang,* Paris, Publ. de l'EFEO, 1989.
A. Forte, *Mingtang and Bouddhist Utopias in the History of the Astronomical Clock. The Tower, Statue and Armillary Sphere constructed by Empress Wu,* Paris, Publ. de l'EFEO, 1989.
K. A. Wittfogel and Feng Chia-sheng, *History of Chinese society ; Liao (907-1125)*, Philadelphie et New York, 1949.

M. Polo, *La description du monde*, texte intégral en français moderne, avec introduction et notes par L. Hambis, Paris, Klincksieck, 1955.
H. Bernard-Maître, *Le P. Mathieu Ricci et la société chinoise de son temps (1552-1610)*, Tientsin, 1937.
J. Gernet, *Chine et christianisme. Action et réaction*, Paris, NRF, 1982.
M. Cartier, *Une réforme locale en Chine au XVI*[e] *siècle, Hai Rui à Chun'an 1558-1562*, Mouton, 1973.
L. Carrington Goodrich and Chaoying Fang édit., *Dictionary of Ming Biography (1368-1644)*, Columbia Univ. Press, 1976, 2 vol.
A. W. Hummel, *Eminent Chinese of the Ch'ing Period (1644-1912)*, Washington, 1943-1944, 2 vol. ; dictionnaire biographique.
S. Naquin and E. S. Rawski, *Chinese Society in the Eighteenth Century*, New Haven - Londres, Yale Univ. Press, 1987.
P.-E. Will, *Bureaucratie et famine en Chine au XVIII*[e] *siècle*, Paris-La Haye, Mouton-EHESS, 1980.

TABLE DES MATIÈRES

Imprimé en France
par Vendôme Impressions
Groupe Landais
73, avenue Ronsard, 41100 Vendôme
Avril 2004 – N° 51 145